왜 한국 기업들은 미국 법원으로 가는가

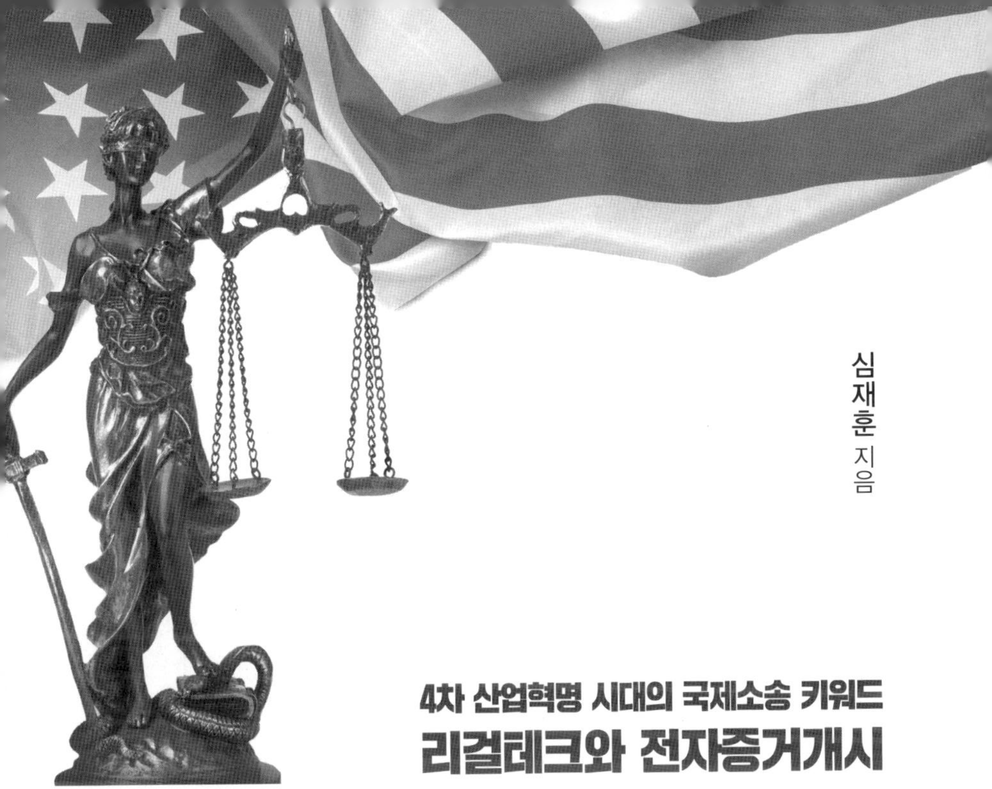

심재훈 지음

4차 산업혁명 시대의 국제소송 키워드

리걸테크와 전자증거개시

왜 한국 기업들은 미국 법원으로 가는가

클라우드나인
CLOUD 9

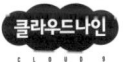

들어가는 글

"원정 전쟁이 시작됐다!"

이 책의 첫 문장을 대서사시에 어울리는 문구로 연다. 4차 산업혁명과 더불어 2020년 세계를 대혼란 속에 밀어 넣은 팬데믹 상황으로 국제 사회는 엄청난 지각변동을 일으키고 있다. 거대한 변혁의 시대를 맞아 어느 분야나 마찬가지겠지만 법률 시장 또한 새로운 단계에 들어서고 있다.

필자는 2019년 4월 글로벌 법률 시장에서 톱 5위 안에 드는 글로벌 리걸테크Legal Tech 기업의 연락을 받았다. 그 기업의 용건은 다음과 같았다. 미국 대형 로펌이 미국에서 민사소송을 제기당한 한국 대기업을 상대로 전자증거개시 절차E-Discovery Process에서 많은 양의 전자문서를 교환하고 분석해서 증거를 찾아야 된다. 그래서 지금 한국 기업들의 비즈니스 용어, 업계 전문 용어, 줄임말, 속어를 잘 알고 문맥을 잘 이해할 한국인 미국 변호사가 필요한데 같이 일해볼 생각이 없냐는 것이었다.

　필자로선 익숙하고 자신 있는 전문 소송 분야이긴 했지만 흔쾌히 받아들이기에는 마음이 편치 않았다. 결국 정중하게 거절했다. 그럼으로써 그 글로벌 리걸테크 기업의 공격 대상이 된 한국 대기업이 어느 기업인지는 알 수 없게 됐다. 아마 2019년 상반기에 미국에서 대형 민사소송과 관련해 일간지에 기사화된 기업 중 하나가 아닐까 추측할 뿐이다. 이미 LG화학이 SK이노베이션을 상대로 수십 명의 전기 배터리 개발자와 엔지니어를 스카우트한 것을 문제 삼아 미국에서 소송을 진행하고 있다. 메디톡스도 대웅제약을 상대로 미국에서 보톡스 균주 도용을 주장하며 소송을 하고 있다. 어쩌면 필자에게 연락이 왔던 소송 케이스는 언론에 아직 알려지지 않은 '소송 제기 이전의 준비단계 건'일 수도 있다.

　이쯤 되면 독자들의 머릿속에 질문이 하나 떠오를 것이다.

　'왜 한국 기업들이 우리 법원이 아니라 굳이 미국 법원에 가서 소송을 하는 걸까?'

　당연히 미국 법정에서 소송하는 것은 우리나라에서 하는 것보다 비용도 몇 곱절 더 지출될 것이다. 거기다 미국 판사와 미국 배심원들 그리고 양측을 대리하는 미국 로펌들과 미국 변호사들을 위해서 모든 우리말 서류와 문서를 영어로 번역하는 수고와 시간을 들여야 한다. 그럼에도 한국 기업들이 굳이 미국 법정으로 달려가서 막대한 영작과 통역 비용을 쏟아부으면서 싸우는 '원정 전쟁' 시대가 온 데는 무슨 특별한 이유가 있다.

이 책은 그 의문점에 대해 고민하며 필자가 오랜 기간 미국 변호사로서 활동해온 경험치와 리걸테크와 전자증거개시에 대한 전문 지식을 동원하여 대응 전략과 나아갈 방향을 집필한 결과물이다.

모쪼록 이 책이 우리나라의 모든 수출 대기업, 중견기업, 중소기업, 그리고 스타트업 관계자분들과 소통하고 또 산업자원부는 물론 법조계분들과 학계 관계자분들 모두에게 가속화되는 '원정 전쟁' 현상에 대한 합리적인 해결책과 미래 지향적인 긍정적 모멘텀을 제공하는 계기가 되기를 바란다.

2020년 10월
동부이촌동에서
심재훈

감사의 글

젊은 청년인 필자에게 국제 항공 분야 법률들과 관련 소송들을 처음 알게 해준 앤디Andy 변호사, 짧은 기간이지만 나의 혹독한 사수로서 디스커버리의 묘미와 전략적 사고에 눈을 뜨게 해준 토니Tony 변호사, 미국 오바마 대통령 정부 때 백악관에서 지적 재산권 관련 총책임자로 활약했던 빅토리아 에스피넬Victoria Espinel 변호사, 미국 전자결제협회ETA 회장 조디 켈리Jodie Kelly 변호사, 미국 소프트웨어협회 대표 변호사 애덤 코츠Adam Coates 변호사, 전 미국 연방교통안전국TSA 하 맥닐Ha McNeill 비서실장에게 감사드린다.

4차 산업혁명을 주도하는 미국 스타트업 생태계의 중심인 실리콘밸리에서 필자에게 소중한 조언과 글로벌 혜안을 제공해준 E. P. R., 우연히 만난 인연을 가장 소중한 인연으로 승화한 필자의 멘토이자 의리의 중심에 있는 브라이언Brian 대표, 오랫동안 미국 연방판사로 활약했고 필자에게 격의 없이 친절한 조언을 아끼지 않은 존 파치올라John Facciola 판사님, 사람을 채용할 때 진정으로 봐야 할 것에 대해 눈을 뜨게 해준 아고타 수톤 코츠카Agota Sutone Koczka에게 감사드린다.

또한 우정과 믿음을 기반으로 한 동행이 21세기 가장 강력한 경쟁력이라는 것을 믿고 실행해 준 장 대표, 함께 조금씩 바꾸어 나가는 '낙오자 없는 세상Nobody Left Behind'을 위한 동반자들과 개발도상국들에서 빈번히 발생하는 '글로벌 불평등Global Inequality' 문제해결에 동참해주시는 분들, 물리적인 거리 때문에 마음만큼 잘 챙겨주지 못해 언제나 미안한 다섯 명의 조카들, 루이빌에서 멋지게 살아가는 나의 친구들 던Dawn과 숀Sean과 제이콥Jacob과 사무엘Samuel, 1년 선배인 필자에게 항상 친근하게 대하고 교통사고가 났을 때 현장에서 도와준 고마운 시혁이, 20대의 젊은 나에게 롤모델이었던 수석님, 미국 박사과정 유학 중이던 필자에게 느닷없이 미국 로스쿨이라는 흥미진진한 도전을 소개하신 미국 변호사님과 그의 따뜻하고 멋진 가족, 그리고 같은 청송 심 씨라며 항상 반갑게 맞아주는 전 주한 미국 대사 캐슬린 스티븐스Kathleen Stephens(한국식 이름 심은경)에게 감사드린다.

미국 워싱턴D.C. 연방의회조사국CRS의 전 국장이며 열정적인 의지로 가득 찼던 젊은 미국 변호사인 필자를 따뜻하게 응원해주시던 엘렌 라자러스Ellen Lazarus 변호사, 미국 월스트리트 개혁법이라 불리는 도드-프랭크 법The Dodd-Frank Act 입안자이자 미국 오바마 전 대통령의 정치적 멘토 중의 한 명이었던 전 미국 연방 상원의원 크리스 도드Chris Dodd, 화수분 같은 동기부여 스킬을 갖춘 최고의 기획자이자 마케팅 전문가인 황 본부장, 오랜 기간 필자가 재능기부로 제공한 멘토링을 진심으로 받아들이고 인생의 전환점으로 삼아준 고마운 우리나라의 젊은이들, 필자의 대학 강의에서 최고점을 받았던 글로벌 인재 백금성 님, 종교에 대한 깊은 성찰의 기회를 주신 윤 교수님, 그리고 필자의 미천한 글로벌 현장 경험과 혜안에 무한한 신뢰를 보여주고 잠재력을 인정해주었던 양 변호사님, 김 변호사님, 이 변호사님, 구 변호사님, 신 변호사님께 감사드린다. 그리고 며칠 전에 영면하신 루스 베이더 긴스버그Ruth Bader Ginsburg 연방대법관님이 생전에 보여주신 법조인의 용기와 전략과 신념을 떠올리며 존경의 마음을 바친다.

마지막으로 언제나 곁에서 응원해주는 아내와 두 딸에게 고마운 마음을 전한다.

| 차례 |

들어가는 글 • 4
감사의 글 • 7

1장 원정 전쟁의 시대

 한국 기업들끼리 미국 법원에서
소송하는 시대가 왔다 • 15

1. 왜 한국 기업들은 미국 법원에 가서 소송하는가 • 17
2. 왜 전자증거개시 제도는 미국 민사소송 절차의
   핵심인가 • 21
3. 원정 전쟁 시대 소송은 이전의 한미 기업 간 소송과
   무엇이 다른가 • 27
4. 원정 전쟁 시대 소송은 이전의 특허괴물 소송과
   무엇이 다른가 • 35
5. 분쟁해결 조항과 준거법 조항의 변화에 주목하라 • 40
6. 원정 전쟁 종결을 위한 두 가지 제언:
   전자증거개시와 징벌적 손해배상 제도의 도입 • 44

2장 몰수패 시대의 도래

결승전보다 예선전이 더 중요하다 • 51

1. 한국 기업들이 미국에서 몰수패를 당하는
   열 가지 이유 • 53

2. 몰수패 판결이 나올 확률이 높은 법원 관할지를
   피하라 • 67

3. 몰수패가 두려울수록 기업분쟁 케이스 조기진단이
   중요하다 • 70

4. '비례성 원칙'을 무기로 연방 판사를 설득하라 • 75

3장 징벌적 손해배상, 집단소송, 제조물 책임제 대응하기

징.집.제. 삼총사에게 패하면
기업 파산에 이를 수 있다 • 81

1. 미국 법원에서 '징벌적 손해배상' 판결을
   조심하라 • 83

2. 미국 법원에서 '집단소송'에 패소하면
   파산할 수도 있다 • 92

3. 미국 법원에서 '제조물 책임제' 소송은 원고에게
   유리한 게임이다 • 99

4장 리걸테크라는 게임 체인저의 등장

포스트 코로나 시대를 위해 새로운 무기를 갖춰야 한다 · 103

1. 왜 리걸테크에 주목해야 하는가 · 105
2. 리걸테크는 어떻게 기업분쟁의 무기가 됐는가 · 110
3. 바보야, 문제는 증언 신뢰도가 아니라 증거 진정성이야! · 117
4. 포스트 코로나 시대에 리걸테크는 선택이 아니라 필수다 · 123

5장 핵심 준법감시 관리 시스템

기업의 체질개선을 통해 위기관리 능력을 향상하라 · 127

1. 회계 투명성 강화 · 129
2. 사이버 보안 · 136
3. 부패방지법 준수 · 141
4. 전자문서 관리 · 144
5. 지식재산권 관리 · 154
6. 기업의 사회적 책임 준수 · 158

6장 K-법률 서비스의 세계 진출

 이제는 국가가 나서야 한다 • 165

1. 왜 국가가 나서야 하는가 • 167
2. 왜 리걸테크를 차세대 주력 수출 산업으로
   키워야 하는가 • 170
3. K-법률 서비스로 글로벌 시장을 개척하라 • 176

마치는 글 • 179

부록 소송 대비 실무 전략 • 181

　1단계: 증거보존 의무를 통지하라 • 183
　2단계: 데이터맵을 만들고 ECA 시스템을 가동하라 • 200
　3단계: 26(f)콘퍼런스 전략을 세우라 • 202

약어 목록 • 204

1장

원정 전쟁의 시대

한국 기업들끼리 미국 법원에서
소송하는 시대가 왔다

1
왜 한국 기업들은 미국 법원에 가서 소송하는가

최근 언론 보도에 따르면 LG화학은 2019년에 2차 전지 관련 영업기밀 이슈로 SK이노베이션을 미국 국제무역위원회ITC, International Trade Commission에 제소했다. 미국 국제무역위원회는 주로 지식재산권 침해, 덤핑 이슈 등과 같이 국제 무역에서 불공정거래 등에 대한 조치를 담당한다. 최근 추세는 한국 기업들이 전략적인 측면에서 미국 연방법원보다 국제무역위원회에 제소하는 것을 선호하고 있다.

상식적으로 생각하면 홈그라운드인 우리나라에서 소송하는 것이 한국 기업들에게는 더 익숙하고 소송비용도 상대적으로 저렴하다. LG화학과 SK이노베이션은 둘 다 모두 한국 기업들인데 대한민국 법원을 마다하고 왜 굳이 미국의 수도 워싱턴D.C.에 소재한 미국 국제무역위원회에 소송을 제기했을까? 한국 기업들이 태평양 넘어 이국땅인 미국으로 건너가서 낯선 법률 제도에 맞춰 법적인 싸움을 하는 '원정 전쟁'을 하는 이유를 분석해보았다.

결론부터 말하자면 원고 기업과 피고 기업이 모두 한국 기업임에도 불구하고 굳이 미국에 가서 소송을 제기하는 이유는 크게 두 가지로 요약된다. 첫째는 원고 기업은 해당 사안에 대해서 피고 기업이 책임이 있음을 소송 과정에서 입증하는 방법과 제도에서 미국 시스템이 상대적으로 더 유리하고 그 과정에서 리걸테크를 적극적으로 활용할 수 있기 때문이다. 둘째는 원고가 승소했을 때 판결받을 수 있는 손해배상의 범위와 액수가 우리나라 법원과 비교할 때 확연히 크고 유리하기 때문이다.

다시 말해서 원고가 소송에서 상대측이 가진 관련 증거들을 보존하게 하고 그 증거들을 확보해서 손해를 입증하는 방법이 미국이라는 분쟁해결 그라운드에서 훨씬 합리적이고 유리하게 작동한다. 민사소송에서 원고 기업이 피고 기업의 책임을 입증할 수 있는 선진화된 제도 중 하나가 바로 '이-디스커버리Electronic Discovery'로 알려진 '전자증거개시 제도'다. 이와 더불어 승소했을 때 받을 수 있는 손해배상의 범위가 실제 손해배상 액수는 물론이고 부수적 손해배상과 결과적(파생적) 손해배상뿐만 아니라 입증의

손해배상의 종류

- 실제 손해배상 (Actual DG)
- 부수적 손해배상 (Incidental DG)
- 결과적(파생적) 손해배상 (Consequential DG)
- 징벌적 손해배상 (Punitive DG)
- 손해배상액 예정 (Liquidated DG)
- 법정 손해배상 (Statutory DG)

강도와 사안에 따라서 징벌적 손해배상Punitive Damages까지도 허용된다. 따라서 원고 기업으로서는 우리나라가 아닌 미국의 제도를 적극적으로 활용하는 것이 소송을 제기하는 취지에 맞을 수밖에 없다.

좀 더 자세히 살펴보자. 원고가 피고 측 기업으로 인해 입은 피해를 입증하여 손해배상을 받을 때 미국의 법적 구제 시스템에서 판결받을 수 있는 손해배상의 범위와 액수를 우리나라 법원의 판결과 비교해보면 확연하게 크다. 실제로 2019년 12월에 LG화학 측에서 발표한 자료에서 특허 침해 소송들의 경우 우리나라 법원과 미국 법원의 손해배상 액수들의 중간값을 비교해보면 우리나라는 미국의 9분의 1인 11% 정도밖에 되지 않는다고 한다.

민사소송에서 원고는 피고가 해당 사안에 책임이 있음을 판사와 배심원들에게 입증해야 하는 입증 책임BOP, Burden of Proof이 있다. 따라서 미국 민사소송에서 입증 책임이 있는 원고는 자신에게 유리한 사실들을 주장하기 위하여 배심원들과 판사를 설득할 증거들을 적극적으로 찾아내서 제출해야 한다.

그러기 위해 초기 단계부터 두 가지 제도를 잘 활용해야 한다. 첫째는 '증거보존 의무' 제도다. 피고 기업 측이 가지고 있는 해당 소송 사안과 관련된 이메일, 전자서류, 부서 간 소통 내용 등을 삭제, 훼손, 누락하지 못하도록 방지해 증거를 보존하는 것이다. 둘째는 '증거개시 제도'다. 이렇게 보존된 증거들을 원고와 피고가 서로 교환하여 소송에 유리한 결정적인 증거들인 스모킹건을 찾아내고 확보하는 것이다.

이 두 제도는 미국 연방민사소송규칙FRCP, Federal Rules of Civil Procedure에 근거하고 있다. 미국 연방민사소송규칙은 미국 연방대법원에 의해서 제정되어 미국 연방의회의 승인 절차를 거친 후 미국 연방법원에서 진행돼 민사소송의 절차를 규정한다.

이렇게 한국 기업들은 유불리를 따져가며 합리적으로 잘 활용할 법률 제도를 찾아서 미국에서 소송을 제기하고 있다. 이미 '원정 전쟁'의 시대는 시작됐고 그 추세는 더욱더 강화돼 가고 있다.

2

왜 전자증거개시 제도는 미국 민사소송 절차의 핵심인가

LG화학과 SK이노베이션의 분쟁에서 살펴본 대로 미국 연방법원은 물론 미국 국제무역위원회도 원고와 피고가 소송에서 필요하거나 활용될 수 있는 상대측 기업의 전자문서와 이메일 내용을 포함한 모든 '잠재적 증거'를 훼손, 파기, 삭제, 변경하지 못하도록 하는 '증거보존 의무'를 양측에 부여하고 있다. 보존된 증거들은 소송 당사자들 간에 교환을 통해서 적극적으로 증거로 확보할 수 있도록 한다. 이것이 바로 '전자증거개시'다.

미국에서 소송을 진행하기 위해서는 증거개시 제도에 대한 이해가 필수다. 증거개시, 즉 디스커버리Discovery는 1938년부터 미국의 연방 민사소송 절차에서 활용된 제도로서 민사소송 당사자들이 상대방이나 제3자로부터 소송과 관련된 증거 자료를 요청하고 수집하기 위한 '본 재판의 변론 전 단계Pre-Trial 절차'를 말한다. 2006년 12월에 미국 연방민사소송규칙을 개정함에 따라 전자증거개시, 즉 이-디스커버리E-Discovery가 정식 용어로 사용됐다. 그리고 기존 디스커버리 제도의 주요 대상이 종이 문서였던 것을 전면 확대해 '전자적으로 저장된 정보ESI, Electronically Stored Information'도 주요 대상으로 정식 인정했다. 전자적으로 저장된 정보란 컴퓨터, 모바일, 스마트폰 등의 모든 전자 장치에서 사용되면서 디지털 형태로 생산, 가공, 사용, 공유, 통신, 저장, 녹음, 녹화되는 모든 정보를 말한다. 4차 산업혁명 시대가 도래하며 사물인터넷, 스마트 팩토리, 클라우드 컴퓨팅 시스템 등이 전면 확대되고 상용화되면서 전자적으로 저장된 정보의 범위와 용량은 하루가 다르게 확대되고 있다.

전자증거개시는 본 재판의 변론이 시작되기 전 단계에서 양자 간에 미리 확인과 증명이 가능한 주장과 사실관계를 가능한 한 많이 정리해놓음으로써 재판에서 불필요한 검증과 조사로 인한 시간 낭비와 지연을 최소화해 민사소송 시스템의 효율을 높이려는 취지로 만들어졌다. 따라서 민사소송에 임하는 양측은 소송과 관련된 자료와 증거를 전자증거개시 과정을 거쳐 성실하게 상대방에게 공개하게 된다. 이 과정에서 가장 중요한 점은 관련 문서들과 자료들을 약속한 기한 안에 성실하게 제출하는 것이며 증거를 훼손하거나 누락하거나 증거 제출을 의도적으로 지연할 경우에는 법원에 의해 엄중한 제재를 받을 뿐 아니라 전체 재판 과정에서 큰 불이익을 받게 된다.

실제로 전자증거개시 과정에서 소송 당사자 양측이 소송과 관련된 자료들과 문서들을 서로에게 공개하고 구두 또는 서면질의로 답변을 주고받다 보면 소송이 어떤 방향으로 진행될지 그리고 어떻게 결론이 날 확률이 높은지에 대한 예측과 전망이 가능하다. 그러다 보니 불필요한 시간과 비용의 낭비를 막는 합리적 합의가 본 재판의 전 단계인 전자증거개시 과정에서 많이 이루어진다. 소송 당사자 양측이 본 재판의 전체적인 유불리를 미리 판단해볼 수 있다. 미국 민사소송의 대다수가 본 재판에서 실질적인 심리가 이루어지기 전에 양측의 합의로 정리되는 경우가 많은 이유가 여기에 있다.

또 다른 순기능 중 하나는 본 재판의 변론 때 특정 소송 당사자가 검토되지 않은 증거 자료를 기습적으로 배심원들과 판사에게 제시함으로써 소송 상대측에게 그 증거 자료에 대해 충분히 검토하여 대응할 시간을 주지 않는 이른바 꼼수를 사전에 방지할 수 있다는 점이다. 전자증거개시 절차를 통해 본 재판의 변론이 시작되기 전에 쟁점 사안에 대해서 해당 소송과 관련이 있는 증거들

미국 연방민사소송규칙 제37조(e)의 판단 기준

(1) 원고 또는 피고가 훼손됐다고 주장하는 증거가 전자저장문서(ESI)인가?

만약, 아니오(No) 라면 → 미국 연방민사소송규칙 제37조(e)는 적용되지 않는다. 여기서 끝.

만약, 그렇다(Yes) 라면 ↓

(2) 훼손됐다고 주장되는 전자저장문서(ESI)는 소송이 합리적으로 예측되거나 소송이 시작됐을 때 보존됐어야 할 문서였는가?

만약, 그렇다(Yes) 라면 ↓

(3) 훼손된 원인이 그 기업이 증거 보존을 위한 합리적인 조치를 취하지 않았기 때문인가?

만약, 그렇다(Yes) 라면 ↓

(4) 훼손됐다고 주장되는 전자저장문서(ESI)는 복구가 불가능하거나 다른 증거로 대체 불가능한 것인가?

만약, 그렇다(Yes) 라면 →

(5) 법원은 상대방이 증거를 훼손했다고 주장하는 측이 그 증거 훼손 때문에 소송에서 불리해지는 것을 방지하기 위해 증거 훼손 측에게 필요한 조치를 취하도록 명령할 수 있다.

중요 포인트
만약 증거 훼손 행위의 의도성 또는 고의성이 입증된다면,

(6) 법원은 다음 세 가지 방법으로 조치할 수 있다.
- 훼손된 증거가 훼손행위자 측에 불리한 증거였을 거라고 추정함.
- 훼손된 증거가 훼손행위자 측에 불리한 증거였을 거라고 추정하도록 배심원들을 지도함.
- 증거를 훼손한 원고의 소송을 기각하거나 증거를 훼손한 피고에게 조기패소 판결을 내림.

로 사실관계를 조사하고 입증 가능성을 판단할 수 있다.

또한 소송 상대측이 제시하는 증거들의 '관련성Relevance' '무결성Integrity' 그리고 '진정성Authentication' 등을 검토할 기회와 시간을 제도적으로 확보할 수 있다. 그렇게 전자증거개시 제도를 활용해서 이 세 가지를 미리 검토할 기회와 시간을 확보할 수 있다는 점은 왜 많은 기업들이 미국에서 소송하는 것을 선호하는지를 설명하는 중요한 포인트 중 하나다.

증거의 관련성이란 연방증거규칙FRE, Federal Rules of Evidence 제401조에서 규정하고 있다. 1996년판 블랙스로 법률사전Black's Law Dictionary은 "논리적으로 연관돼 이슈가 되는 사안이 틀리거나 맞음을 입증할 수 있는 경향성을 가지고 있다면 관련성이 있는 것이다."라고 설명하고 있다. 증거의 무결성은 연방증거규칙 등에 따로 정의된 바는 없다. 하지만 일반적으로 해당 증거가 원본과 동일하며 의도든 실수든 수정, 변경, 훼손되지 않은 상태임을 의미한다. 증거의 진정성은 연방증거규칙 제901조와 제902조에서 규정하고 있다. 4차 산업혁명 시대에 사물인터넷, 클라우드 컴퓨팅, 인공지능 시스템이 기업 활동에 적극적으로 활용되면서 모든 업무 활동이 '디지털 기록과 메타 데이터'로 남게 됐다. 이런 전자적으로 저장된 정보들을 증거로서 진정성을 입증하는 것은 기업 간 분쟁 해결 소송에서 매우 중요한 쟁점이 됐다.

전자증거개시가 미국에서 잘 준수되고 효과적으로 운영되는 이유는 두 가지이다. 첫째, 당사자 한쪽의 합당한 증거개시 요청을 상대측이 정당한 이유 없이 거부할 경우 언제든 판사가 개입해서 이슈별로 교통정리를 해준다. 둘째, 원고 또는 피고가 반복적이고 악의적으로 증거개시 요청을 거부하거나 전자증거개시를 불성실하게 하거나 방해하거나 이메일이나 전자문서 등과 같은 전자적으로 저장된 정보를 훼손, 삭제, 변경할 경우에 법원은 원고의 소송을 기각하거나 또는 본 재판의 변론이 시작되기 전 단계임에도 불구하고 피고에 대해 조기패소 판결을 내릴 수 있다. 전자증거개시 절차에서 양측 소송 당사자들이 의무를 제대로 이행하지 않을 경우에는 미국 법원은 언제나 무관용 원칙으로 강하게 처벌하고 불이익을 준다. 이 제도는 효과적으로 운영되고 있고 그 원칙이 잘 지켜지고 있다.

참고로 전자증거개시 제도는 2015년 12월에 미국 연방민사소송규칙 제26조(b)항1호의 내용이 개정되면서 '비례성 원칙Proportionality'이 강화됐다.[1] 이것은 미국에서 원정 전쟁을 하는 한국 기업에 유리하게 활용될 수 있는 변화이기도 해서 주목할 만하다.

---

[1] 비례성 원칙에 대해 이 책의 2장 네 번째 글에서 자세히 설명하였다.

3
원정 전쟁 시대 소송은
이전의 한미 기업 간 소송과 무엇이 다른가

　원정 전쟁 시대 이전에 벌어진 미국 기업과 한국 기업 간 소송 트렌드를 보여주는 대표적인 두 개의 사례를 살펴보자. 첫 사례는 삼성전자와 애플 간의 소송으로 자초지종은 다음과 같다. 2011년 4월에 애플은 삼성전자를 상대로 미국 캘리포니아주 북부지방법원NDCA, Northern District of California에 스마트폰 디자인 침해와 특허기술 침해를 청구원인COA, Cause of Action으로 하는 민사소송을 제기했다. 이 기나긴 소송의 결과를 간략하게 설명하면 2014년에 내려진 1심 판결에서는 삼성이 애플에 9억 3,000만 달러의 손해배상을 해야 한다는 것이었고 그다음 해인 2015년 항소심에서는 삼성이 애플에 5억 4,800만 달러를 배상하라고 판결했다.

대법원에서 항소심 일부 파기 환송이 된다. 2018년에 1심 법원에서 삼성이 6억 8,900만 달러를 애플에 배상해야 한다고 재평결을 내린 이후에 양측은 합의로 최종 마무리를 한 바 있다.

미국 캘리포니아주에서 소송이 진행되는 동안 원고인 애플은 삼성전자가 전자증거개시 절차 전반에 걸친 과정에서 여러 가지 사항들을 위반했다고 주장했다. 예를 들어 해당 소송과 관련된 전자문서를 보존하기 위한 적절한 조치를 하지 않았다고 판사에게 주장하기도 했고 삼성전자가 소송과 관련된 모든 임직원에게 '증거보존 의무 통지'를 보냈어야 함에도 일부 직원들에게만 통지하는 실수를 범했다고 주장했다. 또한 증거보존 의무 통지를 받은 후에 삼성 직원들이 소송과 관련된 전자문서와 자료를 제대로 잘 보존하고 있는지에 대해 그 이후 9개월 동안 제대로 확인하는 절차를 밟지 않았다고 법원에 강하게 주장했다.

증거보존 의무 통지란 합리적으로 예상되는 소송에 대비해 관련 증거들을 삭제하거나 훼손하지 않도록 보존해야 하는 의무를 통지하는 것을 말한다. 리티게이션 홀드Litigation Hold 또는 리걸 홀드Legal Hold라고도 하며 기업이 소송을 준비하거나 진행하는 데 해당 소송과 관련성이 있다고 합리적으로 예상되는 모든 관련 문서, 자료, 정보를 보존해야 한다는 의무를 고지하는 프로세스다. 2016년판 블랙스로 법률 사전은 "진행되고 있거나 합리적으로 예측되는 소송 또는 당국의 조사와 관련된 서류들과 데이터들을 분리하여 보존해야 하는 의무가 발생했음을 통지하는 것이다."라고 설명하고 있다.

이 소송에서 주목할 점은 삼성전자가 애플이 제기할 소송이 합리적으로 예측된 시점에서 모든 기업이 일반적으로 채택하고 있는 기업 임직원들의 '이메일 자동 삭제 기능Auto-delete Function', 즉 기업이 사내 정책으로 정한 일정 기간이 지난 임직원들의 이메일을 시스템에서 자동 삭제하는 기능을 얼마나 신속하게 정지해서 전자증거 보존 의무를 성실하게 수행했는지 여부이다. 이를 미국 연방법원은 재판 과정에서 삼성의 책임을 판단하는 매우 중요한 기준 중의 하나로 고려했다.

이것은 미국에서 소송을 당한 한국 기업들이 꼭 기억하고 소송 대응 준비 매뉴얼에 강조해야 할 사안이다. 전자증거개시 과정에서 미국 연방법원이 주목하는 점은 피고인 한국 기업들이 상대방으로부터 제기될 소송이 합리적으로 예측되는 그 시점부터 신속하게 관련된 모든 전자증거 보존을 위한 노력을 성실하게 다 이행을 했는지 여부이다.

이 이해 여부를 네 가지로 정리하면 다음과 같다. 첫째, 증거보존 의무 통지를 임직원들에게 신속하게 했는가. 둘째, 증거보존 의무 통지를 받는 임직원들의 범위가 충분히 넓게 정해졌는지 또는 누락되거나 통지를 받지 못한 해당 임직원들이 존재하는가. 셋째, 증거보존 의무 통지를 받은 임직원들이 제대로 전자증거 보존 의무를 성실히 이행하는지를 기업이 효율적으로 확인하고 잘 모니터링을 했는가. 넷째, 관련 임직원들의 이메일을 시스템에서 자동 삭제하는 기능을 기업이 신속하게 정지했는가.

실제로 삼성전자는 애플의 소송이 제기된 2011년 4월 이후에 5,000명이 넘는 자사의 관련 임직원들을 대상으로 넓은 범위의 증거보존 의무를 통지한 것으로 알려져 있다.

미국 서부를 대표하는 캘리포니아주의 연방법원에서 애플과 삼성전자가 기나긴 소송을 하는 동안 미국 동부 버지니아주에서는 미국 기업 듀폰과 한국 기업 코오롱인더스트리 간의 소송이 진행되고 있었다. 2009년 2월에 듀폰은 코오롱인더스트리를 상대로 미국 버지니아주 동부지방법원EDVA에 영업비밀 침해를 청구원인으로 하는 민사소송을 제기했다. 이 소송의 결과를 간략하게 설명하면 2011년 9월에 미국 버지니아주 동부지방법원에서 배심원들은 피고인 코오롱인더스트리는 원고인 듀폰에게 9억 1,900만 달러(당시 약 1조 원)를 배상하라는 평결을 내렸다. 이에 코오롱인더스트리는 항소를 제기했고 최종적으로 양측이 2015년에 2억 7,500만 달러에 합의하면서 해당 소송은 종결됐다.

이 소송에서도 앞서 설명한 전자증거개시 절차 전반에 걸쳐 중요한 쟁점들이 법원의 판단을 받았다. 당시에 원고인 듀폰은 피고인 코오롱인더스티리의 임직원들이 특정 이메일과 전자문서를 삭제하는 등 증거보전 의무를 위반해 의도적으로 관련 증거를 훼손했다고 주장했다. 이에 대해 버지니아주 동부지방법원은 본 재판의 배심원들에게 피고인 코오롱인터스트리가 제대로 보존하지 않아서 삭제된 이메일 등의 전자적 증거가 피고인 코오롱인더스트리에게는 불리하고 원고인 듀폰에게는 유리한 증거였을 것이라는 추정을 하도록 배심원들을 지도했다.

돌이켜보면 대다수 한국 기업들은 해외 경쟁 기업들이 미국 연방법원에 제기할 수 있는 잠재적 민사소송에 대해서 충분한 대응 준비를 하지 못했다. 미국 민사소송 과정에서 매우 중요한 전자증거개시 제도에 대한 충분한 학습과 세련된 전략적 대응 준비가 부족했다. 실제로 이 시기에는 해외 경쟁 기업들과의 분쟁에서 미국 연방법원의 본 재판에서 다투어볼 기회를 가져보기도 전에 전자증거개시 절차에 익숙하지 않고 또 복잡한 전자증거의 보존과 제출 등에 관한 규정을 준수하지 못해서 억울하게 조기패소 판결을 받을 위험에 처해 있었다.

이 시기 소송 트렌드의 특징은 세 가지로 정리할 수 있다. 첫째, 미국 기업들이 일방적으로 자신들에게 유리한 미국 연방법원을 선택해 소송을 제기함으로써 익숙한 홈그라운드 법률 시스템을 활용했다는 점이다. 둘째, 피고의 입장인 한국 기업들은 익숙하지 않은 전자증거개시 과정에서 요구받은 문서들을 제출 마감 시간에 쫓기면서 방어적으로 대응했다는 점이다. 셋째, 당시에는 한국 기업들 중 '리티게이션 레디니스Litigation Readiness' 즉 '소송 대응 준비의 상시화'를 위해 정책을 마련한 곳이 거의 없었다는 점이다.

이 기간 동안에 진행된 미국 기업들과의 대형 소송들을 통해서 비로소 한국 기업들은 전자증거개시가 왜 중요하며 어떤 점을 주의하고 극복해야 하는지를 알게 됐다. 이 시기를 거쳐 현재의 원정 전쟁 시대의 소송은 새로운 트렌드를 보인다. 이제는 원고가 미국 기업이 아니라 한국 기업이라는 점이다. 원고인 한국 기업이 전략적 선택으로 미국 법정에서 소송한다는 것이 본질적인 차이점이다. 또한 한국 기업 간의 소송임에도 불구하고 미국 소송 시스템에 더 익숙하고 전자증거개시 절차에서 다양한 합법적 소송 전략에서 우위에 있는 기업이 유리한 고지를 선점할 수 있다는 점은 주목할 만하다. 이제 한국 기업은 미국 연방법원에서 다른 한국 기업과 소송을 진행하게 되는 상황에 대비하고 있다. 미국의 전자증거개시 제도에 부합하는 수준의 기업 전자문서 관리, 보존, 그리고 소송 대응 준비의 상시화를 위한 정책을 서둘러 도입하고 있다.

소송 대응 준비의 상시화를 위한 정책은 다음 네 가지 전략을 기본으로 하여 구성하는 것을 제안한다.

첫째, 잠재적 소송이 발생하거나 예상되는 것에 대비해 그 잠재적 소송과 관련된 전자적 문서, 자료, 데이터는 무엇인지 미리 상시로 파악하는 것이다.

둘째, '증거보존 의무 통지'를 받을 대상자들을 기업 임직원 중에서 누구로 정할지, 제3자 중에서는 누구를 수신인으로 정할지에 대해 미리 사전에 파악하는 것이다.

셋째, 전자적 문서와 디지털 데이터를 어디에 보존하고 있는지를 파악할 수 있는 '데이터맵Data Map'을 만들어서 주기적으로 업데이트하는 것이다.

넷째, 가장 중요한 정책으로 전자증거개시의 시작부터 끝까지 기업의 각 관련 팀들이 어떤 조치를 하며 협업해야 하는지에 대한 자세한 매뉴얼인 '두즈앤돈트Dos & Don't'를 준비하는 것이다.

2020년을 기준으로 한국 기업들이 주도적으로 미국 법원으로 가서 기업분쟁을 해결하려는 원정 전쟁 시대를 열어 가고 있는 현상을 필자는 긍정적인 변화의 과정으로 보고 싶다.

미국에서 진행되는 대규모 소송들에 대해서 방어적이고 수세에 몰렸던 한국 기업들이 이제는 자신감을 가지고 원정 전쟁을 시작한다는 것은 그만큼 국제 소송에서 경쟁력을 갖게 됐고, 국제 소송을 두려워하지 않는 기업 문화가 자리 잡고 있다는 긍정적인 신호라고 할 수 있다. 더 나아가 원고와 피고가 모두 한국 기업이라면 미국 법정 대신에 우리나라 법정에서도 합리적으로 그 기업분쟁을 해결할 수 있도록 법조 시스템에 법적, 제도적, 문화적 환경을 마련한다면 가장 이상적이라 할 수 있겠다.

필자는 이를 위한 방안으로 이 책에서 한국형 전자증거개시 제도의 도입 필요성과 국내 리걸테크 산업 발전의 중요성을 강조하고 있다. 그리고 대기업과 중소기업 간의 국내 소송에서 기울어진 운동장이라고 비판을 받기도 하는 법률 구제 과정의 형평성 이슈와 비례성 이슈에 대해서도 4차 산업혁명 시대에 걸맞은 테크놀로지를 적극적으로 도입하고 활용함으로써 해결책을 찾을 수 있다고 확신한다.

4
원정 전쟁 시대 소송은 이전의 특허괴물 소송과 무엇이 다른가

원정 전쟁 시대 이전에 벌어진 특허 소송 트렌드의 특징은 두 가지다. 첫째, 대부분이 기술특허 분쟁들이라는 점이다. 둘째, 해외의 특허괴물 기업Patent Troll들, 대표적인 기업으로 인텔렉추얼 벤처스Intellectual Ventures와 아카시아 리서치 그룹Acacia Research Corporation 등이 원고가 돼 한국 기업을 일방적으로 미국의 연방법원으로 끌고 가서 소송을 제기한 분쟁들이라는 점이다.

한국 기업들은 피고로서 전자증거개시 과정에서 '방어적'으로만 대응했다. 아쉽게도 당시에는 익숙지 않은 전자증거개시 과정에서 상대측이 '피고 한국 기업이 일부 중요한 전자 서류와 문서를 고의로 누락하거나 성실하지 못한 일부 행위가 있었다는 주

대표적인 특허괴물 기업들

INTELLECTUAL VENTURES®

TESSERA

장'에 대해 일부 미숙하게 대응함으로써 막대한 벌금을 받거나 재판 과정에서 손해를 보기도 했다.

  이 시기 한국 기업들은 글로벌 특허괴물 기업들과 기술특허 분쟁 소송을 10년 넘게 겪으면서 경험한 시행착오를 통해 미국 연방법원의 소송 시스템에 단련됐다. 이제는 전자증거개시를 방어적으로 대응하는 단계를 넘어서서 기업 간 소송에서 전략적 관점으로 적극적이고 공격적으로 활용하는 단계로 진화하게 됐다. 이런 현상이 바로 원정 전쟁의 시대가 이전 시기의 소송 트렌드와 차별화된 점이다.

  또 다른 차별화된 현상은 이제는 전자증거개시를 전략적 관점에서 활용하는 소송의 종류가 확대되고 다양해졌다는 점이다. 기술특허 분쟁 소송뿐만 아니라 영업비밀 침해 관련 소송, 부당이

득 반환 청구 소송, 기업의 불법행위에 대한 손해배상 소송 등에서도 전자증거개시를 활용하는 원전 전쟁이 시작됐다.

참고로, 앞서 말한 글로벌 특허괴물 기업들이 한국 기업들을 대상으로 집중적으로 미국 법원에 소송을 제기하던 시기를 이해하려면 특허괴물 기업들은 무엇이고 또 그들의 사업 모델과 수익 모델은 무엇인지에 대해 먼저 알아볼 필요가 있다. 특허괴물 기업들이란 일반적으로 기업, 대학, 또는 개인이 소유한 특허의 소유권을 인수한 이후에 자신들이 소유한 특허를 침해한 기업을 대상으로 소송을 제기해 법원의 판결로 큰 액수의 손해배상을 받아 내거나 소송을 제기한 이후에 막대한 소송합의금을 제시하고 협상해서 이익을 극대화하는 곳을 일컫는다. 특허괴물 기업들은 실질적으로 제품을 생산하거나 서비스를 창출하지 않고 자신들이 소유한 특허기술을 무기로 삼아서 전문적으로 특허 침해 소송을 제기해서 소송합의금을 받아내는 것을 주요 비즈니스 모델로 하거나 일부 특허 라이선스 사업만을 영위하기 때문에 특허 라이선스 전문 기업NPE, Non-Practicing Entity이라고도 부른다.

원정 전쟁 시대 이전의 소송 트렌드를 보면 2005년부터 2015년 사이에 해외의 특허괴물 기업들이 특허 침해 분쟁을 빌미로 삼성전자와 LG전자 등을 포함한 한국 기업들을 상대로 미국 법원에서 집중적으로 소송을 제기했다. 이 시기 미국 연방법원의

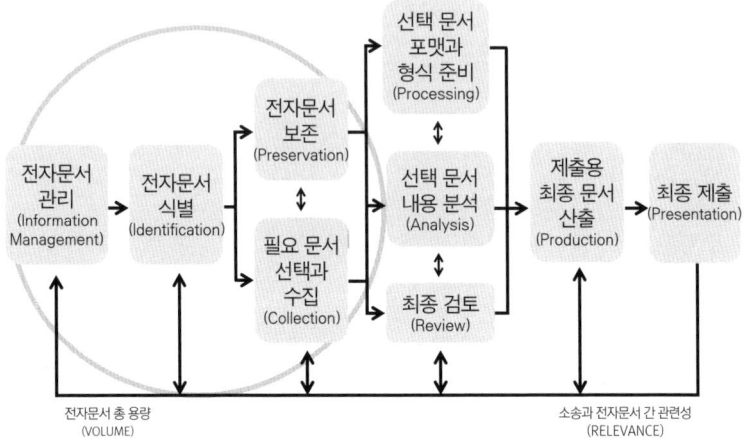

전자증거개시 참고 모델(EDRM)

전반적인 분위기는 이메일과 개발 일지 등을 포함한 전자문서와 증거 데이터를 제때 제출하며 성실하게 전자증거개시에 임하는 측이 승소하는 경향이 많았다. 전자증거 훼손, 삭제, 변경, 누락 등의 위법 행위에 대해 연방 판사들이 단호한 조치를 하거나 일벌백계의 페널티 또는 처벌을 내리기도 했다. 한국 기업들은 미국 법원에서 특허괴물 기업들이 제기하는 소송을 거치며 전자증거개시 대응 과정의 쟁점들을 충분히 경험했다.

여기서도 마찬가지로 기업 간의 지식재산권 관련 분쟁에 대비하기 위해 한국 기업들이 중점을 두어야 할 부분이 바로 특정기술의 개발 일지, 실험 서류, 라이선스 문서 등을 포함한 모든 관련 전자문서의 보존과 관리를 상시화해야 한다는 점이다. 기업 내부에서 관리하는 전자문서의 보존과 관리를 상시화하는 시스템은 9단계로 이루어진 '전자증거개시 참고 모델EDRM, E-Discovery Reference Model'과 연동해 관리하면 효율적으로 큰 도움이 된다.

5
분쟁해결 조항과 준거법 조항의 변화에 주목하라

우리나라는 대외 무역 의존도가 70%가 넘는 수출 주도형 경제Export-driven Economy다. 반도체 공급 계약서Semiconductor Supply Agreement, 물품 유통 계약서Distribution Agreement, 기술 실시 계약서License Agreement, 개발 용역 계약서Development Agreement, 합작 투자 기업 설립 계약서Joint Venture Agreement, 상표사용 계약서Trademark License Agreement 등 수출 경제 활동과 관련된 계약서들이 하루에도 수만 개가 만들어지고 있다.

다양한 수출 계약서에는 단가Price, 결제방식Payment, 수량Quantity, 품질Quality, 선적Shipment, 보험Insurance, 포장Packing 등 비즈니스 조건들을 규율하는 개별 조항들이 개별 수출 품목과 특성에 맞게 협

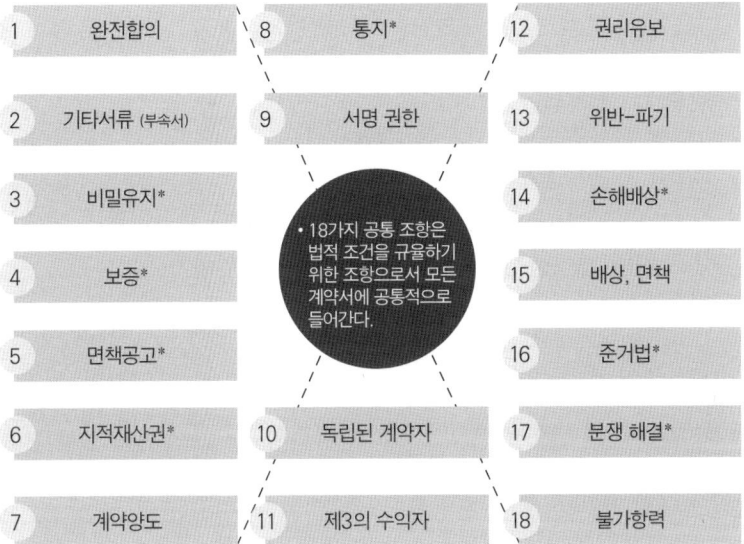

별표(*)가 있는 조항은 '서바이벌Survival 조항'이다. 서바이벌 조항은 계약 기간이 만료하거나 또는 계약이 파기된다 하더라도 그 효력이 계속 유지되는 특정 조항을 일컫는다.

상돼 작성된다. 그리고 법적 조건들을 규율하는 '18가지 공통 조항'들을 명기한다.

무역 경제 일선에서 고군분투하고 있는 한국 수출 기업들은 무역 상대측과 협상 내용을 문서화하면서 계약서를 만들 때 전통적으로 준거법 조항과 분쟁해결 조항의 협상에 특히 더 신경을 써왔다. 가능하다면 홈그라운드로 친숙한 대한민국 법원 또는 대한상사중재원KCAB, Korea Commercial Arbitration Board 같은 중재센터를 정하고 대한민국 법의 적용을 받도록 협상을 관철하여 혹시라도 미래에 발생할 수 있는 계약상의 분쟁에 대응할 때 유리한 고지를 선점하고자 했다.

최근에는 한국 수출 기업들이 오히려 미국에서 기업 간 분쟁을 해결하고자 하는 전략적인 선택을 취하고 있다. 계약서를 작성할 때 준거법 조항과 분쟁해결 조항의 내용에 변화가 일어나고 있다. 예를 들어 '계약상의 분쟁이 발생하면 갑과 을은 서울중앙지방법원을 제1심법원으로 한다.'라는 문구 대신에 '계약상의 분쟁이 발생할 때 갑과 을은 미국 OO연방법원을 그 관할법원으로 한다.'라고 정하는 것이 추세다.

계약상의 분쟁이 발생했을 때 소송이 제기되고 진행되는 법원에서 객관적인 시각으로 해당 계약서의 내용을 해석하고 이해하기 위한 단일 기준이 바로 준거법 조항이다. 이 조항은 어느 나라 법률에 따라 계약서의 모든 내용이 해석되고 적용될지를 정하는 핵심 요소로서 어느 나라 준거법을 선택하느냐에 따라서 분쟁 해결의 결과가 크게 달라질 수 있다.

분쟁해결 조항 역시 준거법 조항만큼이나 중요하며 재판에 큰 영향을 끼친다. 소송의 관할지를 대한민국 법원으로 미리 정할지 아니면 미국 연방법원으로 미리 정할지에 따라서 전자증거개시제도의 활용 여부가 결정되기 때문에 다양한 관점에서 유리한 요소와 불리한 요소를 제대로 분석하여 균형 있게 판단해야 한다.

물론 계약 당사자들인 한국 기업들이 아무런 연고도 없는 미국의 특정 주에 가서 연방법원에 소송을 제기한다고 해서 그 연방법원이 무조건 소송을 접수하거나 재판 관할지로 인정하는 것은 아니다. 이 결정은 소송을 제기한 한국 기업들의 미국 법인이 해당 관할지에 소재하거나, 주재원 사무실이나 연락 사무소나 판매 사무실 등이 소재하거나, 그 특정 주에 상장돼 있거나, 그 한국 기업의 제품 또는 서비스가 그 특정 주에 제공되고 있거나, 그 특정 주에 그 한국 기업들의 자산이 있거나 관련 세금을 내고 있거나, 그 한국 기업이 담당하는 웹사이트가 그 특정 주에서 상업적인 목적으로 적극적으로 활용되는지 등을 보고 해당 법원이 판단한다. 이것을 미국에서는 '최소관련성$_{\text{Minimum Contacts}}$' 원칙이라 부르며 원칙적으로 소송 당사자가 법원 관할지와 최소관련성이 있고 그 관할을 인정하는 것이 실질적 정의와 공평성을 방해하지 않는다면 소송 관할지로 인정되는 경우가 일반적이다.

6

원정 전쟁 종결을 위한 두 가지 제언: 전자증거개시와 징벌적 손해배상 제도의 도입

원정 전쟁의 시대를 끝낼 방법은 의외로 간단하다. 한국 기업들이 자국 법원이 아닌 미국 법원으로 가서 기업 간의 분쟁을 해결하려고 하는 이유, 즉 자국 법원에서는 안 되지만 미국 법원에서는 허용이 되는 바로 그 유인 요인을 사회적 합의를 통해서 실정에 맞게 도입해 잘 운용하는 것이다. 그렇게 한다면 한국 기업들이 굳이 고비용의 원정 전쟁을 치르기 위해 미국 법원으로 가서 분쟁을 해결할 필요가 없어지게 된다.

이미 수년 전부터 우리나라 법원에서는 허용이 안 되지만 미국 법원에서는 할 수 있는 그 유인 요인에 관한 연구와 도입 시도들이 계속돼 왔다.

국회의원회관에서 열린 '한국형 증거개시제도' 도입을 위한 정책토론회
(2019. 6. 27.)

손해배상의 종류와 범위를 확대해 실제 손해액에 대한 배상과 더불어 법원의 판결에 따라 추가로 그 실제 손해액의 2~4배 또는 최대 10배에 이르는 '징벌적 손해배상'이 가능하도록 하는 노력이 지난 수년간 진행돼 왔다.

우리나라의 민사소송에서 징벌적 손해배상은 아직 전면적으로 광범위하게 도입되지는 않았다. 하지만 여러 개별 법들의 특정 조항을 통해서 일부 징벌적 개념의 손해배상 청구가 가능하게 된 사례들이 있다. 제조물 책임법, 환경보건법, 개인정보보호법, 정보통신망법, 신용정보법, 공익신고자보호법, 기간제법, 하도급법,

가맹사업법, 대리점법 등에서는 실제 손해배상 액수의 최대 3배까지 판결이 가능하다. 2020년 1월 9일에 국회 본회의를 통과해 2021년 2월 5일에 발효를 앞둔 자동차관리법의 경우에는 자동차 기업이 제품의 결함을 은폐, 축소, 거짓 공개하거나 지체 없이 결함을 시정하지 않으면 최대 5배까지의 징벌적 손해배상 판결이 가능하다.

그리고 '자료 제출 명령' 제도를 넘어서서 손해배상 민사소송에서 사실 심리를 법정에서 시작하기 전에 소송 당사자들이 각자 가지고 있는 증거 자료와 문서를 서로에게 공개하는 방식인 '한국형 증거개시 제도'에 대한 연구와 세미나와 공청회가 열린 바 있다.

우리나라 국회입법조사처 역시 필자와 같은 견해를 가지고 있음을 확인했다. 2019년 8월 8일에 작성된 국회입법조사처의 보고서 「2019 국정감사 이슈 분석 1권」(국회운영위원회, 법제사법위원회)을 보면 국회입법조사처는 LG화학과 SK이노베이션 간의 민사소송이 굳이 미국에서 진행되는 이유는 소송 당사자가 미국의 전자증거개시 제도를 이용하기 위한 것으로 파악하고 있다. 이 보고서를 보면 국회입법조사처도 필자와 마찬가지로 디스커버리 시스템을 우리나라 민사소송에 도입해야 한다고 주장한다. 디스커버리 제도를 도입한 후에 예상되는 순기능을 제조물 책임제와 관련해 한국 소비자들의 피해를 구제할 수 있는 징벌적 손해배상이 활성화돼 하자가 있거나 안전하지 않은 제조물로 인해 발생하는 피해를 획기적으로 줄일 수 있다고 파악하고 있다. 또한 본 재판 심리 이전 단계에서 증거 서류를 사전에 파악할 수 있기 때문에 사실관계 입증에 대한 유불리한 상황 전반을 분석해 소송 합의나 조정이나 화해 등을 통해 소송이 조기에 종결된다는 점 등을 예상하고 있다.

국회입법조사처 「2019 국정감사 이슈 분석 1권」

한국형 디스커버리 제도 도입

(1) 현황
- 최근 2019. 4. 경 LG화학은 SK이노베이션을 상대로 미국 델라웨어주 지방법원에 영업비밀 침해로 인한 손해배상 청구 소송을 제기하였는바, 이는 미국 민사소송에서 허용되는 증거개시제도를 이용하기 위한 것으로 알려져 있음.
- 미국의 디스커버리discovery제도는 소송당사자들이 본격적인 사실심리가 시작되기 전에 증명책임의 소재와 관계없이 당사자가 가진 정보와 증거를 확보하고 상호 공개해 쟁점을 명확히 정리하는 제도임.
- 당사자가 증거공개를 회피하거나 증거개시 요청에 불응하면 법원은 이행명령을 내릴 수 있고 그와 관련된 비용을

그 책임 있는 당사자에게 부담시킬 수 있음.
- 이행명령에 불응할 경우 당사자의 주장이 입증된 것으로 보는 명령 또는 불이행 당사자의 해당 주장을 불허하거나 삭제하도록 하는 명령을 내릴 수 있음.

(2) 문제점
- 우리의 현행 민사소송법은 제조물책임소송, 의료소송, 환경소송 등 현대형 소송에서 발생하는 증거의 구조적 편재 현상에 대응하기 위해 문서제출명령과 증거보전 제도를 두고 있으나, 이는 일정한 한계가 있음.
- 문서제출명령 제도의 한계: 공무원 또는 공무원이었던 사람이 그 직무와 관련하여 보관하거나 가지고 있는 문서를 문서제출명령의 대상에서 제외하고 있고 인도·열람청구문서의 경우에도 사법상의 권리가 있는 경우로 한정하고 있음. 또한 문서목록 제출신청의 경우 법원의 문서목록 제출명령에 불응할 경우 제재수단이 규정돼 있지 아니함.
- 증거보전 절차의 한계: 증거보전의 대상은 모든 증거방법을 포괄하고 있으나 "미리 증거조사를 하지 아니하면 그 증거를 사용하기 곤란한 사정", 즉 보전의 필요성에 대해 소명하여야 함. 따라서 일반적인 소제기 전 증거수집 방안으로서는 근본적 한계가 있음.

(3) 개선방안
- 증거의 구조적 편재 문제에 대처하기 위하여 디스커버리(증거개시)제도를 도입하는 방안에 대한 검토가 필요함

- 디스커버리제도를 도입하면, 제조물 하자로 인한 소비자 피해를 구제할 수 있는 징벌적 손해배상청구 소송이 활성화될 수 있음. 또한 사전 증거관계 파악으로 조정, 화해 등을 통해 사건이 조기에 종결될 가능성이 높아짐으로써 대체적 분쟁해결 절차ADR, alternative dispute resolution가 활성화되는 측면도 있음.
- 다만, 기술의 발달과 기업조직의 확대 등 사회 변화로 인하여 증거개시의 대상이 되는 정보와 증거의 내용이 증가함에 따라 증거개시에 들어가는 비용이 크게 증가하고 있다. 이는 곧 소송비용의 부담 증가로 이어질 수 있다는 점, 증거개시제도는 남용 가능성이 높은 반면에 규제하기는 쉽지 않다는 점 등을 충분히 고려해 부작용을 최소화하는 방향으로 제도를 설계할 필요가 있음.

주석1. 문서제출명령 제도: 법원이 당사자의 신청에 의하여 문서제출의무가 있는 문서소지자에게 문서의 제출을 명하는 제도.
주석2. 증거보전 절차: 소송절차 안에서 본래의 증거조사의 시기까지 기다려서는 해당 증거방법의 사용이 불가능하거나 곤란하게 될 사정이 있는 경우에 본래의 소송절차와는 별도로 미리 증거조사를 하고 그 결과를 보전하여 두는 부수절차.
주석3. 징벌적 손해배상청구 소송: 현행법 체계 하에서는 제조물 기업의 영역 내에 존재하는 핵심증거를 수집하기 난망하여 피해자가 소송제기를 주저하게 되는 측면이 있음.

따라서 우리나라도 조속히 입법을 통해서 전자증거개시 제도를 민사소송 절차에 도입한다면 아래와 같은 일석삼조의 효과를 기대할 수 있다.

첫째, 원정 전쟁의 시대가 종결될 것이다. 우리나라 민사소송 절차에 전자증거개시 제도를 적극적으로 활용할 수 있다면 한국 기업들 간의 분쟁을 굳이 머나먼 미국 법원으로 가서 민사소송을 제기하여 해결할 필요가 없어지기 때문이다. 둘째, 해외 특허괴물 기업 또는 다국적 경쟁 기업이 우리 수출 기업을 대상으로 미국에서 소송을 제기한다 하더라도 우리나라 민사소송 절차에 도입된 효율적인 전자증거개시 제도를 충분히 경험하고 단련된 한국 기업이 미국 소송에서 외국 기업을 상대로 승소할 확률이 훨씬 높아지게 될 것이다. 마지막으로 IT 강국인 우리나라가 선진화된 디지털 포렌식 기술과 전자증거개시 제도에 대한 심도 있는 이해를 통해 글로벌 경쟁력을 갖춘 인재들을 양성함으로써 글로벌 전자증거개시 시장과 리걸테크 시장을 석권하는 계기와 모멘텀이 될 것으로 확신한다.

우리나라의 정보통신 분야 인재들이 글로벌 리걸테크 산업, 전자증거개시 시장, 그리고 디지털 포렌식 서비스 산업으로 진출해 K-법률 서비스로 한류 붐을 일으키며 앞으로 글로벌 수출 아이템으로 자리잡아 갈 것을 기대해본다.

2장

몰수패 시대의 도래

결승전보다 예선전이
더 중요하다

1
한국 기업들이 미국에서 몰수패를 당하는 열 가지 이유

한국 기업이 전자증거개시 절차에서 조기패소 판결을 받게 된다면 엄청난 충격을 받을 수 있다. 본격적인 재판을 해보지도 못하고 패소 판결을 받는다는 점에서 스포츠 경기의 '몰수패沒收敗' 판정에 비유할 수 있다.

실제로 최근의 한 소송에서 전자증거개시 절차 과정에서의 조기패소 판결 여부에 대한 쟁점이 있었다. 소송 당사자인 원고 기업은 아래와 같이 언론에 밝힌 바 있다. "소송 상대측인 피고 기업이 악의적이고 광범위하게 전자증거를 훼손하는 등 공정한 소송을 방해하는 피고 기업의 행위에 대해서 재판부가 엄중한 책임을 물어 조기패소 판결을 진행하려 한다."

이처럼 미국 연방법원에서 진행되는 민사소송에서 또는 미국 국제무역위원회에서 본 재판의 심리가 본격적으로 시작되기도 전에 한국 기업이 조기패소 판결을 받는 경우들이 왜 발생하는지에 대해서 자세히 원인 분석을 해보자.

먼저 '조기패소 판결'이란 의미를 이해할 필요가 있다. 미국의 민사소송에서 본 재판 시작 전 단계에서 진행되는 전자증거개시 제도에 대한 개념은 주로 미국 연방민사소송규칙 제26조, 제34조, 제37조 등의 일련의 조항들로 구성돼 있다. 여기에서 가장 중요한 두 가지 핵심은 제26조의 증거보존에 관한 내용과 제37조(e)항의 조기패소에 관한 내용이다. 제37조(e)항이 바로 조기패소 판결에 대한 법률적 근거가 된다.

미국 연방민사소송규칙 제26조 주요 내용

(a) 공개할 의무가 있는 사항들 (1) 절차 초반부의 공개 사항들 (2) 전문가 증언 공개 사항들 (3) 본 재판 이전의 공개 사항들 (4) 공개하는 형식에 관한 사항들	(a) Required Disclosures (1) Initial Disclosure (2) Disclosure of Expert Testimony (3) Pretrial Disclosures (4) Form of Disclosures
(b) 증거개시의 범위와 제한 (1) 일반적인 범위 (2) 증거개시 관련 횟수와 정도에 대한 제한 사항들 (3) 본 재판 준비: 자료들 (4) 본 재판 준비: 전문가들 (5) 비닉특권 주장 또는 재판 준비 자료의 비밀 보호	(b) Discovery Scope and Limits (1) Scope in General (2) Limitations on Frequency and Extent (3) Trial Preparation: Materials (4) Trial Preparation: Experts (5) Claiming Privilege or Protecting Trial-Preparation Materials

(c) 증거개시 제한 명령 　(1) 일반 사항 　(2) 증거개시 명령 　(3) 증거개시 비용에 대한 판정 (d) 증거개시 시점과 순서 　(1) 증거개시 시점 　(2) 증거개시 초반의 연방민사소송규 　　칙 제34조에 근거한 요구사항들 　(3) 증거개시 순서 (e) 보충적 공개 요청과 이에 대한 답변 　(1) 일반 사항 　(2) 전문가 증인 (f) 당사자 간 콘퍼런스: 　 증거개시 계획 수립 　(1) 콘퍼런스 시점 　(2) 콘퍼런스 내용 　(3) 증거개시 계획 협의 　(4) 신속 절차 (g) 공개 및 증거개시 요청, 답변, 　 거절과 관련된 서명 　(1) 서명 필수 　(2) 서명 불이행 　(3) 부적절한 인증에 대한 제재	(c) **Protective Orders** 　(1) In General 　(2) Ordering Discovery 　(3) Awarding Expenses (d) **Timing and Sequence of 　 Discovery.** 　(1) Timing 　(2) Early Rule 34 Requests 　(3) Sequence (e) **Supplementing Disclosures 　 and Responses** 　(1) In General 　(2) Expert Witness (f) **Conference of the Parties; 　 Planning for Discovery** 　(1) Conference Timing 　(2) Conference Content 　(3) Discovery Plan 　(4) Expedited Schedule (g) **Signing Disclosures and 　 Discovery Requests, 　 Responses, and Objections.** 　(1) Signature Required 　(2) Failure to Sign 　(3) Sanction for Improper 　　Certification

미국 연방민사소송규칙 제37조 주요 내용

(a) 공개 또는 증거개시를 강제하는 　 법원 명령 신청 　(1) 일반 사항 　(2) 관할 법원 　(3) 구체적인 신청 사항들 　　(A) 공개를 강제하기 위한 　　　 법원 명령 신청	(a) **Motion for an Order 　 Compelling Disclosure or 　 Discovery** 　(1) In General 　(2) Appropriate Court 　(3) Specific Motions 　　(A) To Compel Disclosure

(B) 증거개시 요청에 대한 답변을 강제하기 위한 법원 명령 신청
(C) 법정 외 증언 녹취와 관련된 법원 명령 신청
(4) 회피적인 또는 불완전한 공개, 답변 또는 대응
(5) 비용 지급: 증거개시 제한 명령들

(b) 법원 명령 불이행
(1) 법정 외 증언 녹취가 행해지는 관할에서의 제재들
(2) 소송이 진행 중인 관할에서의 제재들
  (A) 증거개시 명령에 따르지 않을 경우
  (B) 조사 대상이 출석하지 않을 경우
  (C) 비용 지불 관련

(c) 공개 또는 초기 답변에 대한 보충 답변 또는 인정에 대한 거부
(1) 공개 또는 보충 답변에 대한 거부
(2) 인정에 대한 거부

(d) 법정 외 증언 녹취 또는 서면 질문들에 대한 대답 또는 조사 요청에 대한 당사자의 답변 불이행
(1) 일반 사항
(2) 수용 불가능한 불이행 사유
(3) 제재의 종류

(e) 전자적으로 저장된 정보의 증거보존 의무 불이행

(B) To Compel a Discovery Response
(C) Related to a Deposition
(4) Evasive or Incomplete Disclosure, Answer or Response
(5) Payment of Expenses; Protective

(b) Failure to Comply with a Court Order
(1) Sanctions Sought in the District Where the Deposition Is Taken
(2) Sanctions Sought in the District Where the Action Is Pending
  (A) For Not Obeying a Discovery Order
  (B) For Not Producing a Person for Examination
  (C) Payment of Expenses

(c) Failure to Disclose, to Supplement an Earlier Response, or to Admit
(1) Failure to Disclose or Supplement
(2) Failure to Admit

(d) Party's Failure to Attend Its Own Deposition, Serve Answers to Interrogatories, or Respond to a Request for Inspection
(1) In General
(2) Unacceptable Excuse for Failing to Act
(3) Types of Sanctions

(e) Failure to Preserve Electronically Stored Information

소송 중이거나 또는 소송이 예상되는 시점에서 전자적으로 저장된 정보를 보존하기 위한 합리적 조치들을 취했어야 할 당사자의 불이행으로 인해 그 정보가 상실됐다면, 그리고 추가적 증거개시를 통해 그것을 회복하거나 대체할 수 없다면 법원은 다음의 조치를 명할 수 있다.
(1) 그 정보의 상실로 인해 상대측이 손해를 보게 된다면 법원은 그 불이익을 회복하기 위해 필요한 조치들을 명령할 수 있다.
(2) 해당 소송에서 상대측이 그 정보를 활용하지 못하게 하려는 의도로 그 정보를 상실하게 한 경우에 법원은 다음의 조치들을 명령할 수 있다.
  (A) 상실된 정보가 당사자에게 불리한 것이었다고 추정하는 것
  (B) 상실된 정보가 당사자에게 불리한 것이었다고 배심이 추정할 수 있음을 또는 반드시 추정해야 함을 배심원들에게 지도하는 것
  (C) 소송을 기각하거나 또는 조기 패소 판결을 내리는 것
(f) 증거개시 계획을 위한 콘퍼런스에 불참할 경우
	If electronically stored information that should have been preserved in the anticipation or conduct of litigation is lost because a party failed to take reasonable steps to preserve it, and it cannot be restored or replaced through additional discovery, the court:
	(1) upon finding prejudice to another party from loss of the information, may order measures no greater than necessary to cure the prejudice; or
	(2) only upon finding that the party acted with the intent to deprive another party of the information's use in the litigation may:
	  (A) presume that the lost information was unfavorable to the party;
	  (B) instruct the jury that it may or must presume the information was unfavorable to the party; or
	  (C) dismiss the action or enter a default judgment
	(f) Failure to Participate in Framing a Discovery Plan

다시 말해서 전자증거개시 과정에서 미국 연방민사소송규칙에서 강제하는 전자증거 보존 의무를 성실히 이행하지 않았거나 의도를 가지고 전자증거를 삭제, 변경, 수정, 파기, 훼손 등을 한 당사자가 해당 소송에서 원고일 경우에는 원고가 제기한 소송을 법

원이 기각Dismiss할 수 있다. 또한 앞에서 설명한 전자증거개시 과정에서의 불법행위를 한 당사자가 피고일 경우에는 법원이 피고에게 조기패소 판결을 내릴 수 있다. 두 경우 모두 본격적인 재판이 시작하기도 전에 패배 판정을 당하는 것이므로 몰수패에 해당한다고 볼 수 있다.

미국에서 몰수패 판정을 받는 한국 기업들의 실수 또는 행태를 분석해보면 다음과 같이 열 가지 특징으로 요약된다.

첫째, 미국의 전자증거개시 제도를 잘 모른다.

둘째, 미국의 전자증거개시 제도에 대해 알고 있다 해도 구체적인 절차와 실무에 대해서 잘 모른다.

셋째, 해당 기업의 법무팀은 전자증거개시 제도를 이해하고 있고 절차와 실무 또한 알고 있다 하더라도 그 과정에서 중요한 협업 대상 부서이자 전자문서 보존에 적극적으로 협조해야 할 전산 부서 관리자, 정보 관리자, 전자보안 담당자, 인사 담당자 그리고 경영진이 전자증거개시 제도에 대해서 모른다.

넷째, 소송 대비 증거보존 의무 통지를 평상시에 준비한 적이 없다. 그리고 기업 내에서 언제, 어떻게, 어느 임직원들에게 증거보존 의무를 통지할지에 대한 사전 준비 시스템도 존재하지 않는다. 또한 증거보존 의무를 통지한 이후에 그 사후 관리를 어떻게 해야 하는지에 대한 사내 정책도 없고 그와 관련해 주기적인 임직원 교육도 전무하다. 마치 민방위 훈련을 정기적으로 연습하거나 직장에서 화재 등의 재난이 발생할 경우를 대비해 '대피 훈련 매뉴얼Evacuation Plan'을 만들어서 주기적으로 훈련하듯이 '증거보존 의무 통지 매뉴얼'을 만들어서 정기적으로 임직원들을 교육하는 것이 중요하다.

다섯째, 소송이 합리적으로 예측되고 있음에도 불구하고 소송 대비 증거보존 의무를 관련 임직원들에게 너무 늦게 통지하거나 아예 전달하지 않는다. 피고인 한국 기업으로서 이 시점이 매우 중요한 이유는 바로 '소송이 합리적으로 예측되는 시점에서 소송 대비 증거보존 의무를 관련 임직원들에게 신속히 통지해야 할 의무가 발생한다.'라는 것이 미국 법원의 입장이기 때문이다. 그리고 통지를 하더라도 통지의 대상이 되는 임직원들의 범위를 매우 좁게 축소하는 바람에 미국 법원으로 하여금 한국 기업이 전자증거 보존 의무를 성실히 이행하지 않았거나 전자증거를 훼손하려는 의도가 있었다는 불필요한 오해를 하게 하는 실수를 저지르는 경우가 많다.

여섯째, 소송 대비 증거보존 의무를 통지한 이후에 사후 관리Follow-up가 미숙하다. 신속하게 소송 대비 증거보존 의무를 통지했다 하더라도 그 이후에도 계속 해당 임직원들 개개인이 실질적으로 전자증거 보존을 제대로 하는지 모니터링하고 관리를 해야 한다. 기업 측의 증거보존 의무에 대한 미숙한 사후 관리로 인해 임직원 개개인의 전자증거 훼손, 삭제, 변경 등이 발생할 경우에 방치 또는 주의 의무 위반Breach of Duty of Care에 해당하는 것으로 판단해 몰수패 판결이 나는 경우가 있다.

일곱째, 전자증거개시 과정에서 가장 중요한 첫 단추는 26(f)콘퍼런스에서의 협상과 조율이다. 이 회의는 미국 연방민사소송규칙 제26조(f)항에서 원고와 피고가 만나는 첫 번째 협상 테이블이다. 한마디로 전자증거개시 준비를 위한 양측 간의 협의를 위한 첫 번째 회의라고 말할 수 있다. 양측 간에 소송이 시작되면 원고 기업의 변호사와 피고 기업의 변호사가 서로 연락해서 양측이 전략적인 협상을 통해서 전자증거개시에 대한 전반적인 계획과 로드맵을 정한다. 협상 내용은 전자증거개시의 범위와 방법, 전자문서 제출기한(타임테이블), 제출하는 전자문서의 행태(포맷) 등에 관한 것들이다.

문제는 한국 기업이 26(f)콘퍼런스에 준비가 부족한 상태로 나가는 경우가 많다는 것이다. 그로 인해 전자증거개시 전체 과정에 대한 범위 설정과 전자문서 제출기한 설정 등 큰 그림과 전체 전략 짜기에서 열세로 밀리게 된다. 결국 약속한 기한 안에 전자문서를 제출하지 못하게 되거나 촉박한 제출 마감기한을 맞추느라 약속한 부분의 관련 전자문서 중 일부가 누락되는 경우가 자주 발생하는 것이다. 상대측은 그에 대해 한국 기업이 고의적으로 특정 전자문서를 누락하거나 제출을 거부하고 있다는 식의 주장을 펼친다. 그렇게 해서 미국 법원이 한국 기업에 대한 몰수패 판결을 내리도록 유도하는 경우가 많다.

여덟째, 양측과 전자증거개시 전반에 걸친 범위와 제출기한 등을 협상하기 위해서 처음 만나는 26(f)콘퍼런스에 나갈 팀원 구성의 오류 때문에 한국 기업들이 미국에서 뜻하지 않은 몰수패를 당하는 원인이 되기도 한다. 26(f)콘퍼런스는 바둑을 예로 든다면 초반 첫 포석만큼이나 중요하다. 양측이 해당 소송과 관련된 전반적인 전자증거개시 절차에 대해 큰 로드맵을 정하는 자리이다. 따라서 전체의 승패를 가르는 첫걸음으로서 충분한 사전 준비가 필요하다.

그럼에도 한국 기업들은 26(f)콘퍼런스에 나갈 팀원 구성을 외부 법무법인 변호사들로만 구성하거나 사내 법무팀과 일부 외부 법무법인 변호사들로만 구성하는 큰 실수를 범한다. 즉 법무 담당자들만으로 구성하는 것은 26(f)콘퍼런스의 본질을 제대로 이해하지 못해서 생기는 실수다. 26(f)콘퍼런스에서는 전자증거개시 전반에 걸쳐 전자문서 보존의 범위는 어떻게 할 것인지, 보존이 불가능하거나 복구가 불가능한 전자문서들은 어떻게 할 것인지, 언제까지 관련 전자문서들을 제출할 것인지, 보존한 전자파일을 어떤 포맷으로 소송 상대측과 공유하거나 제출할 것인지를 정한다. 그런데 이 미팅 자리에 전자문서 보존에 적극적으로 협력해야 할 '전산부서 실무자'와 '정보관리부서 실무자'와 사전 협의 없이 나간다는 것은 너무나도 위험한 결정이다.

첫 미팅에서 양측은 협상을 통해 전체 전자증거개시에 대한 전반적인 계획과 절차를 정하게 된다. 이때 반드시 고려해야 할 요소는 다음과 같다. 우선 전자증거개시 전반에 걸친 '마스터플랜 전략'이다. 그다음은 전자증거개시에 소요될 '시간', 즉 전자문서 보존과 처리에 드는 물리적 시간의 양과 연계된 단계적인 전자문서 제출기한 로드맵이다. 마지막은 전자증거개시에 들일 '비용과 경비'다. 전자증거개시 대상이 되는 전자문서의 범위를 넓히고 해당 전자문서의 공유와 제출 기한을 짧게 정할수록 비용이 과도하게 올라가고 특정 전자문서를 실수로 누락하거나 보존에 실패할 위험성이 커진다. 따라서 이 부분에서 협상력이 절대적으로 필요하다. 올바른 전자증거개시 협상가는 양측이 함께 윈-윈을 할 수 있도록 서로가 원하는 전자문서 보존과 제출 범위를 꼭 필요한 것들로만 한정함으로써 경비와 리스크를 최소화하는 방향으로 이끈다.

따라서 기업의 전자문서 보존 범위를 정하고 이와 연관된 보존과 프로세싱에 드는 물리적 시간을 잘 계산해 판단하기 위해서

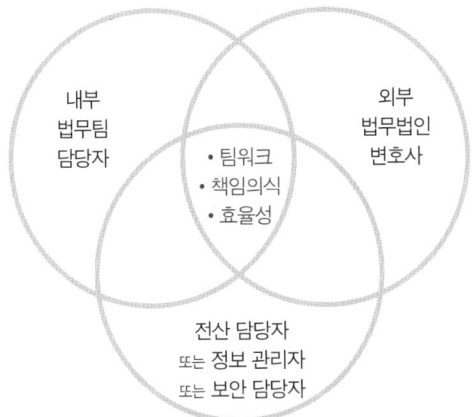

26(f)콘퍼런스 팀원 구성

법 전문가뿐 아니라 정보관리 담당자를 반드시 포함해야 한다.

디지털 포렌식 지식과 소양을 갖춘 전산관리 실무자 또는 정보관리 실무자를 협상 준비팀에 반드시 넣어야 한다. 그들과 사전 조율 없이 26(f)콘퍼런스라는 중요한 협상에 임하는 일은 절대로 일어나서는 안 된다.

아홉째, 기업 내부적으로 데이터맵이 잘 준비돼 있어야 한다. 데이터맵은 기업이 소송을 준비하거나 제기된 소송이나 정부 조사 등에 대응하기 위해서 기업 내에 존재하는 관련 전자정보들이 어디에 어떻게 기록됐고 저장됐는지를 파악할 수 있도록 만든 '포괄적인 전자정보 소재 파악용 지도'를 말한다. 데이터맵은 협상에 들어가기 전에 반드시 준비해야 한다. 그렇지 않은 채 협

데이터맵

데이터맵이 다룰 기업의 전자문서와 정보는 다음과 같은 디지털 플랫폼을 포함하고 있다.

이메일 서버	클라우드 컴퓨팅 시스템	네트워크와 백업 등 관련 서버
임직원 개인의 컴퓨터와 랩탑	슬랙, 아사나, MS팀스 등 재택·원격근무에 사용하는 업무 툴	줌, 행아웃미트 등 재택·원격근무에 사용하는 회상회의 툴
임직원 개인의 스마트폰에 저장된 문자와 음성메일	파견 직원, 외주 직원, 협력사 임직원의 스마트폰	콜센터, 사내 전화, 녹음된 통화내역
쿠키, 검색 질문, 기록을 포함한 브라우저 데이터	IP 위치	인터넷 트랜잭션
기업과 개인의 USB, CD, DVD, 아이패드를 포함한 디지털 저장 장치	모바일 앱	기업과 임직원 개인의 카카오톡, 왓츠앱, 페이스북, 트위터, 위챗, 틱톡 등 SNS
종이 서류	음성메일	녹음파일
로그인, 사용자 입력, 인스타그램과 페이스북 좋아요 등의 정보	온라인 파일	사진과 동영상

상에 들어가면 상대측이 요구하는 우리 기업의 전자문서들이 어디에 어떤 방식으로 저장되고 보존돼 있는지 또는 이미 훼손되거나 삭제된 상태인지를 모르는 상황에서 보존과 제출을 약속을 해버릴 가능성이 크다. 꼼꼼하게 준비된 데이터맵 없이 전자증거개시의 범위와 전자문서 제출기한을 정하는 것은 매우 위험하고

그로 인해 나중에 특정 전자문서를 미제출하거나 누락할 수 있게 되는 것이다.

이미 기업 내부에서 매일 저장되는 전자정보들이 어디에 어떤 형태로 기록되고 저장되는지를 파악하는 것은 중요한 관리 항목이 됐다. 더구나 2020년 상반기에 전 세계를 강타한 코로나 바이러스 사태로 인해 재택근무가 확산되면서 줌Zoom 같은 비대면 화상회의 서비스를 활용해 업무 보고, 팀워크 활동, 관계자와 소통하는 일이 일상화됐다. 모든 업무 활동이 '디지털 기록과 메타 데이터'로 남는 시대가 됐다.

따라서 이미 많은 기업이 내부적으로 '전자문서 보존 정책'을 더욱 구체화해서 관리하고 있다. 더 나아가 데이터맵을 만들어서 주기적으로 업데이트함으로써 '소송 대응 준비의 상시화' 정책을 훌륭하게 수행하고 있다. 더불어 기업의 전자문서 유출 또는 기업이 관리하는 개인정보, 금융 정보, 의료 정보 등 민감한 정보가 유출되거나 해킹당했는지 주기적으로 모니터링하는 부가적인 안전장치도 확보해나가고 있다.

결론적으로 데이터맵이 다룰 기업의 전자문서와 정보의 보존 여부 또는 삭제됐더라도 기술적으로 복구가 가능한지 여부를 내부의 IT 전문가와 반드시 상의해야 한다. 그리고 복구가 가능하다면 복구와 관련된 비용이 얼마나 지출될 것인지, 더 나아가 복구에 걸리는 시간은 어느 정도인지까지 파악한 이후에 26(f)콘퍼런스에 나가야 성공적인 협상을 할 수 있다.

　열째, 전자증거개시 실무 디테일에 익숙하면서도 소송 전체의 큰 그림과 전략을 짤 수 있는 미국 법 전문가의 부재다. 그로 인해 소송 초반부에 중요한 전자증거개시 대응에서 기회를 놓쳐 몰수패를 당하는 경우가 많다.

2
몰수패 판결이 나올 확률이 높은 법원 관할지를 피하라

앞서 수차례 강조한 대로 한국 기업들이 전자증거개시 과정에서 전자문서 보존과 관련된 준법 사항을 어기거나, 증거보존 의무 고지를 관련 임직원들에게 너무 늦게 통지하거나, 증거보존 의무 고지 이후에 사후 관리를 잘못했다는 이유로 본 재판을 하기도 전에 몰수패 판결을 받는 것은 매우 치명적이다.

한국 기업들이 여기에서 한 가지 선제적으로 생각해보아야 할 사안은 포럼 쇼핑Forum Shopping이다. 이를 활용해서 몰수패 판결이 나올 확률이 높은 법원을 회피하는 방안도 고려해볼 수 있다. 포럼 쇼핑이란 소송 당사자들이 여러 후보 법원들 중에서 전략적으로 자신들이 가장 유리한 판결을 받을 수 있는 관할지 법원을 선

포럼 쇼핑

택하는 것을 말한다. 소송 전략 측면에서 볼 때 분쟁 해결을 위한 전쟁터를 정하는 것처럼 소송 전반에 가장 큰 영향을 끼치는 환경에 대한 선택이며 초반에 승패를 좌우하는 중요한 선택적 결정이기도 하다.

예를 들어 버지니아주 동부지방법원EDVA, Eastern District of Virginia의 경우는 넉넉한 시간을 가지고 전자문서 보존을 포함하여 전자증거개시 참고 모델EDRM 절차를 거쳐 전자증거개시 과정을 완수하기에 유리한 곳은 아니다. 그러다 보니 전자증거개시 제도에 익숙하지 않은 해외 기업들, 전자문서 보존과 처리를 효과적으로 진행할 능력이 부족한 기업들, 그리고 비영어권 지역에 소재한 기업들은 버지니아주 동부지방법원을 가능하면 피하려고 한다.

한국 기업들의 경우 전자증거개시 과정에서 보존하고 처리하고 검토해야 할 엄청난 분량의 자료와 문서를 번역하는 작업은 많은 인력과 시간을 필요로 한다. 따라서 버지니아주 동부지방법원 판사가 정해주는 기한 안에 제대로 보존된 전자서류들을 누락 없이 완벽하게 제출하는 것이 물리적으로 매우 힘든 경우가 자주 생긴다.

또 다른 예는 펜실베이니아주 동부지방법원EDPA, Eastern District of Pennsylvania이다. 이곳 역시 일반적으로 비영어권 아시아에 소재한 해외 기업들이 전자증거개시 관점에서 선호하는 곳은 아니다. 이처럼 미국 50개 주에 있는 연방법원들이 전자증거개시 제도를 어떤 특징을 가지고 운영하는지 사전 조사와 분석을 미리 해두는 것을 제안한다. 한국 기업이 적극적으로 포럼 쇼핑을 미리 해둔다면 소송에서 불리한 상황을 최소화하는 데 도움이 될 것이다.

3

몰수패가 두려울수록
기업분쟁 케이스 조기진단이 중요하다

미국에서 몰수패를 피하려면 '기업분쟁 케이스 조기진단$_{ECA,}$ $_{Early\ Case\ Assessment}$'을 해야 한다. 상대측 기업으로부터 소송을 당했거나 소송을 제기당할 것이라고 합리적으로 예측되는 시점, 즉 소송 대비 증거보존 의무를 관련 임직원들에게 통보해야 하는 시점에서 해당 기업은 먼저 아래에 제시하는 항목들을 신속하게 검토해야 한다.

해당 기업 간의 분쟁에 대한 해결책으로 소송을 제기하거나 상대방이 제기한 소송을 합의가 아닌 승소의 방향으로 대응할 경우에도 해당된다. 그런 후에 상대측의 소송에 대응하며 전자증거개시를 준비하고 소송을 위한 진용을 갖출 것인지, 아니면 이 분쟁을 협상과 합의를 통해서 해결할 것인지 등에 대한 큰 방향성을 결정해야 한다. 그 결정에 주로 활용되는 방법이 '비용 편익 분석Cost-Benefit Analysis'이다.

(1) 비용이 얼마나 지출될 것으로 예상하는가?
(2) 시간이 어느 정도 걸릴 것으로 예상하는가?
(3) 전자증거개시의 대상이 되는 우리 기업의 전자적으로 저장된 정보와 자료는 어느 정도의 양이며 제대로 보존돼 있는가?
(4) 우리 기업이 몰수패를 당할 수도 있는 상황인가?
(5) 우리 기업의 승소 확률은 어느 정도인가? (승소 확률을 예상하고자 할 때 활용하는 무기가 바로 '리걸테크'다. 관련 빅데이터를 분석해서 해당 기업의 승소 확률을 예측한다.)
(6) 우리 기업이 상대측 기업을 상대로 반소할 경우에 승소 확률은 어느 정도인가?
(7) 우리 기업의 〈18가지 준법감시 관리 항목〉 준수 상황은 어느 정도인가?

일반적으로 기업분쟁 케이스 조기진단은 열 가지 절차로 해당 기업분쟁을 조기진단한다.

SOX: 미국 사베인스-옥슬리 법 Sarbanes-Oxley Act
FCPA: 미국 해외부패방지법 The Foreign Corrupt Practices Act
IPR: 지식재산권 Intellectual Property Rights
CSR: 기업의 사회적 책임 Corporate Social Responsibility
AML: 돈세탁 방지 Anti-Money Laundering
EHS: 환경, 보건, 안전 Environment, Health, Safety
ISO: 국제표준화기구 International Organization for Standard
ISO 37001 반부패경영 국제표준
ISO 26000 사회적책임경영 국제표준

첫째, 해당 기업분쟁을 소송으로 진행할 때의 '위험 편익 분석 Risk-Benefit Analysis'을 한다.

둘째, 합의를 고려할 때 합의가 이루어질 가능성과 합의가 가능할 민사소송 합의 액수를 여러 시나리오를 작성해 예측한다.

셋째, 증거보존 의무를 통지하고 사후 관리하는 것을 시뮬레이션한다.

넷째, 관련 증거보존의 범위와 비용을 예측한다.

다섯째, 관련 전자증거개시 비용을 예측해서 계산한다(변호사비용, 전문가 의뢰 비용 등 포함).

여섯째, 몰수패의 가능성을 측정하고 예측한다.

일곱째, 본 재판을 통해서 최종 판결을 받을 때까지의 시간과 비용 등에 대한 예상 견적을 계산한다.

여덟째, 본 재판을 통해서 최종 판결을 받을 경우의 승소 또는 패소 확률을 빅데이터를 활용하는 리걸테크를 사용해 예측한다.

아홉째, 본 재판을 통해서 최종 판결을 받을 경우 판결을 통해 결정될 손해배상의 액수를 빅데이터 기반의 리걸테크를 활용해 예측한다.

열째, 다음 세 가지 선택 중 하나를 고른다.

① 조기 합의를 통해서 해당 기업분쟁을 마무리한다.

② 조기 합의를 하지 않고 전자증거개시 절차까지 진행해본 이후에 본 재판이 시작되기 전에 민사합의 협상을 진행할지를 결정한다.

③ 합의를 선택하지 않고 본 재판을 통해서 최종 판결을 받아 본다.

기업분쟁 케이스 조기진단의 목적은 우리 기업이 처한 리스크를 가능한 한 신속하게 최소화하는 것이다. 또한 기업분쟁 케이스 조기진단을 통해서 상황을 정확하게 파악하고 전략을 수립함은 물론 비용절감 계획과 예산배정을 미리 효과적으로 준비하는 것도 중요하다. 효율적으로 수행된 기업분쟁 케이스 조기진단을 완료함과 동시에 신속하게 보존 의무가 있는 데이터에 대한 위치 파악과 수집을 바로 시작해야 한다. 그리고 그 과정에서 불필요하거나 중복되는 데이터는 제거해서 시간과 경비를 절약하고 대용량의 전자증거 문서 파일을 색인을 달아 단위별로 분석하고 처리함으로써 효율성을 극대화할 수 있다.

기업분쟁 케이스 조기진단의 첫 단추를 잘 끼워야 포석을 잘 둘 수 있다. 포석을 잘 두어야 전자증거개시 과정에서 초읽기에 몰리지 않는다. 초읽기에 몰리기 시작하면 몰수패를 당할 확률이 극단적으로 높아진다. 신속한 기업분쟁 케이스 조기진단을 통해서 포럼 쇼핑의 가능성을 빠르게 판단해야 한다. 제대로 진행된 기업 분쟁 케이스 조기진단의 결과는 26(f)콘퍼런스에서 협상력을 높인다.

4
'비례성 원칙'을 무기로 연방 판사를 설득하라

2015년 12월에 개정된 전자증거개시 관련 미국 연방민사소송규칙에서 '비례성 원칙'이 강화됐다. 이 원칙은 태평양 건너 한국에 본사를 둔 한국 기업들이 미국에서 외국 기업으로서 소송을 진행할 때 유리하게 활용할 부분이라는 점을 주목해야 한다. 한국 기업들은 혹시라도 겪을지 모르는 부당한 몰수패를 방지하기 위한 전략과 방법으로 비례성 원칙을 폭넓게 이해하고 활용해 해당 소송의 전자증거개시를 관할하는 연방 판사를 잘 설득할 필요가 있다.

개정된 미국 연방민사소송규칙 제26조(b)항1호를 보면 비례성 원칙을 적용할 때 그 해당 사안의 구체적인 디테일을 고려하

미국 민사소송규칙 제26조(b)항1호

(b) 증거개시 범위와 제한

(1) 일반적인 범위

법원의 명령에 의해서 달리 제한되지 아니하는 한 증거개시의 범위는 아래와 같다.

당사자의 주장 또는 항변과 관련성이 있는 것들 중에서 비닉특권Attorney-Client Privilege 또는 비밀유지가 적용되지 않는 것들이 이 소송에서 꼭 필요한 문서나 자료인지에 대해서 비례성의 원칙을 벗어나는 것이 아니라면 당사자들은 증거개시 제도를 통해서 그 문서나 자료를 확보할 수 있다. 비례성의 원칙을 판단할 때 고려해야 할 점은 해당 소송에서 특정 쟁점이 갖는 중요성, 해당 소송에서 다투어지는 분쟁의 액수, 관련 정보에 대한 양측의 상대적인 접근성의 정도, 당사자들이 해당 소송에 투여할 수 있는 물적 여력의 정도, 특정 쟁점을 해결하는 데 있어 증거개시가 중요한 정도, 그리고 요청하는 증거개시의 비용과 수고가 증거개시를 통해 얻는 혜택보다 과도하게 부담되는지 여부다. 증거개시 범위 안에 있는 정보가 증거법상 증거 능력이 있는지 여부는 증거개시 여부를 결정하는 데 고려할 필요가 없다.

(b) Discovery Scope and Limits.

(1) Scope in General. Unless otherwise limited by court order, the scope of discovery is as follows: Parties may obtain discovery regarding any nonprivileged matter that is relevant to any party's claim or defense

> and proportional to the needs of the case, considering the importance of the issues at stake in the action, the amount in controversy, the parties' relative access to relevant information, the parties' resources, the importance of the discovery in resolving the issues, and whether the burden or expense of the proposed discovery outweighs its likely benefit. Information within this scope of discovery need not be admissible in evidence to be discoverable.

도록 강화됐다.

비례성 원칙은 일반적으로 목적과 그 목적을 이루기 위한 수단에 드는 유무형의 총비용을 저울질하는 것을 말한다. 수단에 드는 총비용이 목적을 이루었을 때의 법익보다 과도하게 초과돼 둘 간의 합리적인 비례 관계를 넘어서게 된다면 비례성 원칙이 위반된 것으로 본다. 이것을 전자증거개시 절차에 적용해보자.

첫째, 상대측이 전자증거개시 범위 안에 포함하라는 한국 기업의 그 특정 전자문서는 미국 연방증거규칙 제502조에서 보호하는 비밀유지가 필요한 사안인지 판단한다.

둘째, 만약 이번 소송의 쟁점과 관련성이 있다고 판단되는 그 특정 전자문서를 한국 기업이 전자증거개시 범위에 넣어서 보존하거나 복구해서 제출할지 여부에 대해서 다음 사항들을 고려한다.

(1) 해당 소송의 분쟁 총액수와 해당 전자문서를 보존 또는 복구해서 제출하는 데 드는 비용과 노력을 비교하라.
(2) 해당 소송을 위해서 기업이 동원해서 투입할 수 있는 예산과 인력 등의 유무형 자산의 크기를 기준으로 형평성의 관점에서 상대측 기업이 한국 기업을 비교하라.
(3) 그 특정 전자문서에 대한 접근성이 상대측 기업과 한국 기업 중에 누가 더 효율적인지 고려하라.
(4) 그 해당 전자문서 덕분에 입증 가능한 그 특정 이슈가 전체 소송에서 어느 정도의 비중으로 중요한지를 고려하라.
(5) 그 특정 이슈를 해결하는 데 전자증거개시라는 수단이 얼마나 중요한지를 고려하라.
(6) 마지막으로 그 특정 전자문서를 위한 전자증거개시에 드는 비용, 책임, 부담, 번거로움 등과 전자증거개시를 통해 얻을 결과물의 유용성을 편익분석을 했을 때 비용, 책임, 부담, 번거로움 등이 과도한지를 고려하라.

특정 범위의 전자문서를 보존 또는 복구하는 데 드는 시간과 경비(수단)가 그 전자문서를 보존 또는 복구해서 재판에 활용됐을 때 증명할 수 있는 사실관계 내용의 중요성(목적)보다 월등하게 과도하거나 합리적인 범위 내에서 감당할 수 없는 부담을 기업에 지우는 경우가 있다. 이 경우 판사는 비례성 원칙에 따라 그 특정 범위의 전자문서 보존 또는 복구의 의무를 면제해주거나 그 전자문서 보존 또는 복구 요청을 받아들여 이행하되 그에 따른 비용은 모두 또는 일부를 그 보존 또는 복구를 요청하는 측에 부담하게 할 수 있다.

따라서 한국 기업들은 반드시 전자증거개시 과정에서 상대측이 요구하는 특정 전자문서들에 대한 보존, 복구, 제출 요구에 대해 비례성 원칙을 활용해 아래 사항들을 강조해야 한다.

(1) 한국 기업은 태평양 건너 멀리 있는 기업이다.
(2) 한국 기업의 거의 모든 전자문서와 데이터는 영어가 아니라 한글로 쓰여 있어서 번역 등의 비용과 시간이 과도하게 부담이 된다.
(3) 한국 기업의 전자문서 또는 데이터를 생성하고 저장하는 소프트웨어가 미국 시스템과 호환이 어려운 한국(로컬) 소프트웨어를 기반으로 한다.
(4) 한국 기업이다 보니 미국의 전자증거개시 제도에 익숙하지 않으므로 절차를 충실히 따르는 데 시간이 더 든다.

3장

징벌적 손해배상, 집단소송, 제조물 책임제 대응하기

징.집.제. 삼총사에게 패하면
기업 파산에 이를 수 있다

1
미국 법원에서 '징벌적 손해배상' 판결을 조심하라

먼저 징벌적 손해배상Punitive Damages의 개념에 대한 이해가 필요하다. 1996년판 블랙스로 법률사전은 "징벌적 손해배상이란 피고 기업이 신중하지 못한 정도가 심하게 또는 악의적으로 또는 기만적으로 원고 기업에 손해를 끼친 것을 원고 기업이 재판에서 입증할 때 피고 기업에 민사적인 징벌을 내려서 향후 사회적으로 비난받을 행위를 저지하고 예방할 목적으로 법원이 실제 손해배상 액수에 추가해 판결하는 손해배상이다."라고 설명하고 있다. 참고로 징벌적 손해배상은 일반적인 기업 간의 '계약위반' 분쟁 소송에서는 적용되지 않는다.

기업 간 민사소송에서 징벌적 손해배상은 점점 더 중요해지고 있다. 2016년판 블랙스로 법률사전은 이전 버전보다 강도 높게 징벌적 손해배상을 설명하고 있다. "징벌적 손해배상이란 피고 기업이 신중하지 못한 정도가 심하게 또는 악의적으로 또는 기만적으로 원고 기업에 손해를 끼친 것을 원고 기업이 재판에서 입증할 때 잘못한 피고 기업을 민사적 방법으로 처벌한다는 입장이며 일벌백계의 메시지로서 법원이 실제 손해배상 액수에 추가해 판결하는 손해배상이다."라고 설명하고 있다.

징벌적 손해배상에 대한 유명한 판례는 1996년에 BMW 사를 대상으로 미국인 의사 아이라 고어가 제기한 손해배상청구소송 사건이다.[1] 고어는 BMW 스포츠 세단을 4만 750달러에 구입하고 9개월 후 자기 차량이 재도장된 사실을 알게 돼 손해배상액으로 400만 달러를 요구하는 소송을 제기했고 법원으로부터 200만 달러를 배상하라는 판결을 받아냈다.

이 판결에서 미국 연방대법원은 징벌적 손해배상이 미국 연방헌법에서 보장하는 적법 절차Due Process에 합당하게 결정됐는지를 판단하는 가이드라인을 세 가지로 설명했다.

첫째, 피고 기업의 잘못된 행위가 민사적 처벌의 대상이 맞는가?

---

[1] 이 판례의 정식 명칭은 〈BMW of North America, Inc. v. Gore, 517 U.S. 559〉(1996)이다.

둘째, 피고 기업이 끼친 손해와 해당 징벌적 손해배상 액수 사이에 합리적 연관성이 있는가?

셋째, 비슷한 이전 판례들의 징벌적 손해배상 액수와 이번 판결의 징벌적 손해배상 액수 사이에 큰 차이가 있는가? 이러한 징벌적 손해배상을 미국 법원의 재판부가 인정하려면 원고에게 피해를 끼친 피고측 기업의 '의도$_{Intent}$'를 원고가 입증해야 한다. 예를 들어 원고가 배심원들 앞에서 아래 사항들을 입증할 수 있다면 실제 손해배상 액수에 추가해 징벌적 손해배상 판결을 받을 수 있다.

(1) 피고 기업이 특정 제품을 생산하고 판매하는 데 소비자 또는 사용자의 안전을 희생해서 더 많은 이익을 남기려는 의도를 가지고 있었다.

(2) 피고 기업은 시장에서 제품 판매를 극대화하기 위해서 자사 제품의 위험성 또는 유해성을 소비자에게 숨길 의도를 가지고 있었다.

(3) 피고 기업은 자사 제품의 잠재적 부작용이나 유해성 등에 대해 소비자에게 경고 또는 주의 안내를 생략하거나 대충하려는 의도를 가지고 있었다.

하지만 피고의 머릿속에 존재했던 의도라는 추상적인 생각의 상태를 시간이 한참 흐른 후인 실제 소송 과정에서 원고가 입증한다는 것은 결코 쉬운 일이 아니다. 더구나 피고가 일반 개인이 아니라 기업일 경우, 그 기업의 행위에 대한 의도라는 것은 이사회BOD, Board of Directors 의사록에 문자로 남겨진 일부 기록에 잠깐 나타나거나 특정 미팅 또는 회의 내용의 기록이나 그 참석자들의 기억 속에서 찾아서 입증해야 하기에 더욱 어려운 일이다. 따라서 소송에서 피고 기업의 의도를 입증하고자 하는 원고 기업에게는 징벌적 손해배상 이슈에 특화된 경험과 기술을 지닌 '입증 전문가'가 꼭 필요하다.

소송이 진행되는 과정에서 원고 기업이 진행하는 징벌적 손해배상을 입증하기 위한 증거 확보와 분석에 진전이 있다는 것 자체가 피고 기업에게는 엄청난 부담으로 다가온다. 원고가 징벌적 손해배상을 받을 확률이 그다지 높지는 않더라도 만에 하나 법원 판결에서 징벌적 손해배상 판결이 나온다면 피고 기업이 부담해야 하는 금전적 손해와 책임이 엄청날 수 있다. 따라서 징벌적 손해배상이 갖는 그 감당하기 힘든 무거움으로 인해 일반적으로 피고 기업들은 '최악을 회피하는 방향'으로 선택하려는 경향이 강하다. 그러다 보니 피고 기업은 소송 중간에 민사합의Civil Settlement에 응하는 경우가 많다.

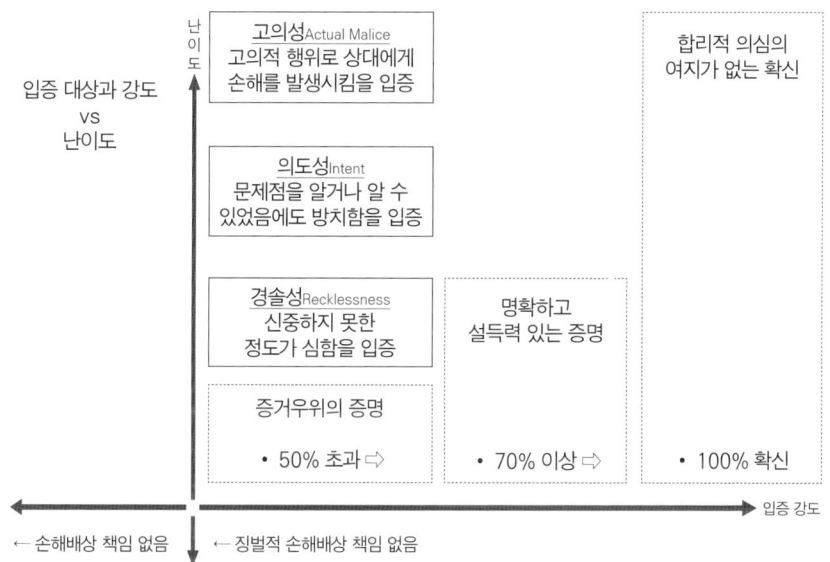

여기에서 주목해야 할 점이 하나 있다. 한국 기업이 미국에서 소송을 진행하면서 징벌적 손해배상이라는 무시무시한 리스크에 대처할 때 겪는 큰 고민 중의 하나가 바로 징벌적 손해배상 판결을 위한 '입증 수준' 또는 '입증 강도'에 대한 낯섦이다. 이 개념을 이해하기 위해서는 먼저 미국 법원이 요구하는 일반적인 입증 수준 또는 입증 강도에 대한 3단계를 살펴볼 필요가 있다.

1단계는 피고에게 손해배상 책임이 있음을 증명하기 위해서 원고가 제출하고 설명한 증거의 전체 무게와 피고가 이에 반박하기 위해 제출하는 증거의 전체 무게를 비교하고 균형을 잡는 것이다. 여기에서 '증거의 무게'라는 표현은 물리적인 중량이나 증인들 또는 증거의 숫자가 많음을 의미하는 것이 아니라 제시된 증거들이 더 설득력 있고 확실해 보이며 증거 진정성에 문제가 없어서 이에 대해 판사 또는 배심원들이 느끼고 판단하는 전체적인 증거 능력의 추상적인 합계를 의미한다.

따라서 판사 또는 배심원들은 피고에게 손해배상 책임이 있음을 증명하기 위해서 원고가 제출하고 설명한 증거의 전체 무게와 피고에게 손해배상 책임이 있지 않음을 이해시키기 위해서 또는 원고 주장에 반박하기 위해서 제출하고 설명한 증거의 전체 무게를 비교한다. 이때 원고 증거의 전체 무게가 이 추상적인 저울에서 상대적으로 51% 또는 그 이상의 무게를 차지한다면 피고에게 손해배상의 책임이 있다고 판단하는 것이다. 이것을 '증거우위의 증명Preponderance of the Evidence' 수준의 입증 강도라고 부른다. 증거우위의 증명은 양측이 제시하는 증거들을 정량분석Quantitative Analysis이 아닌 정성분석Qualitative Analysis 방법으로 비교했을 때 원고 또는 피고 중에 조금이라도 더 설득력 있는 측에게 유리한 판단을 하도록 하는 것이다. 간단히 말해 원고가 제출한 증거들을 가지고 입증하려는 특정 주장이 맞는 말인 것 같은 확률 또는 진실인 것 같은 확률이 51% 이상이라고 판단된다면 판사 또는 배심원이 받아들이는 것이다.

2단계는 '명확하고 설득력 있는 증명Clear and Convincing Evidence' 수준의 입증 강도다. 명확하고 설득력 있는 증명은 2016년판 블랙스로 법률사전에서 "그 주장이 맞을 개연성이 상당히 높음을 증명하거나 합리적으로 생각했을 때 사실일 확률이 높음을 증명하는 증거이다."라고 설명한다.

'증거우위의 증명'보다는 증명의 강도가 높고, 검찰이 기소한 피고가 형사적으로 유죄라는 판단에 대한 합리적인 의구심이 0%인 '합리적 의심의 여지가 없는 확신Beyond a Reasonable Doubt'보다는 증명의 강도가 낮아서 증명의 강도가 51%보다는 높고 100%보다는 낮은 정도라고 할 수 있다. 모든 합리적인 의심으로부터 자유로운 100% 확신을 주는 증거일 필요는 없다. 공평하고 공정한 자세로 양자택일을 할 때 도움이 되면 된다. 원고가 제출하고 설명한 증거의 정성적인 전체 무게가 이 추상적인 저울에서 상대적으로 70% 또는 그 이상의 무게를 차지한다면 피고에게 손해배상의 책임이 있다고 판단한다는 것이 중론이다. 다시 말해 원고가 제시하는 증거를 가지고 입증하려는 특정 주장이 맞는 말인 것 같은 확률 또는 진실인 것 같은 확률이 적어도 70% 이상이라고 판단된다면 판사 또는 배심원이 받아들이는 것이다.

마지막으로 3단계는 검찰에게 기소당한 피고가 형사적으로 유죄라는 판단에 대한 '합리적 의심의 여지가 없는 확신Beyond a Reasonable Doubt' 수준의 입증 강도다. 합리적 의심의 여지가 없는 확신은 형사소송에서 피고가 형사적으로 유죄라는 판단에 합리적인 의심이 전혀 없는, 즉 무죄일 가능성이 0%라고 확신하는 상태를 의미한다. 2016년판 블랙스로 법률사전은 "배심원들이 형사재판에서 피고가 유죄인지를 판단하는 데 사용되는 기준을 말한다. 피고가 유죄라는 판단에 합리적인 의심이 전혀 없을 정도로 검찰 측에서 잘 입증했는지를 배심원들이 판단할 때 일단 피고가 무죄라는 가정 아래 형사재판 배심원의 의무를 시작해야 한다."라고 설명하고 있다. 합리적인 의구심이 0%로 그래서 이론적으로는 100% 완벽한 확신을 의미한다. 이것은 형사소송에서만 적용된다. 따라서 이 책에서는 논외로 하기로 한다.

여기에서 주의할 점은 미국 50개 주들에게 일부 사법 자치가 허용되는 현재의 미국 시스템상 원고가 징벌적 손해배상을 판결받기 위해 피고 기업의 잘못 또는 실수를 입증하는 과정에서 원고에게 요구되는 입증의 수준 또는 입증의 강도가 1단계로 설명한 '증거우위의 증명' 수준인지 아니면 2단계로 설명한 '명확하고 설득력 있는 증명' 수준인지가 주마다 다르다는 것이다. 예를 들어 미국 캘리포니아주에서는 징벌적 손해배상을 판결받기 위해서는 '명확하고 설득력 있는 증명' 수준의 입증을 해야 하지만 뉴욕 법원에서는 최근에 원고의 입증 강도가 '증거우위의 증명' 수준만 돼도 징벌적 손해배상을 인정하는 판례들이 다수 나오고 있다.

따라서 한국 기업들은 포럼 쇼핑의 중요성을 한 번 더 상기해야 한다. 징벌적 손해배상 이슈에 대해서 피고가 돼 방어할 때 해당 법원에서 요구하는 입증의 강도를 명확히 파악하고 분석하는 것이 징벌적 손해배상이라는 리스크에 대처하는 소송 방어 전략의 핵심이다.

2
미국 법원에서 '집단소송'에 패소하면 파산할 수도 있다

집단소송Class Action은 동일한 피고 기업을 상대로 같은 손해배상 청구원인 또는 공동의 청구원인을 가진 원고들의 수가 많을 때 대표로서 진행하는 민사소송을 말한다. 한국 기업들이 미국에서 집단소송 제도에 민감하게 대응해야 하는 가장 중요한 이유는 해당 집단소송에서 패소하게 되면 그 패소 판결의 효력이 공동의 청구원인을 가진 수많은 다른 원고들에게도 적용된다는 점 때문이다. 패소 이후에 수많은 다른 원고들에게 지급해야 하는 손해배상 액수의 합계는 감당할 수 없을 정도로 클 수 있다.

소송 천국인 미국에서 한국 기업들이 미국 소비자에게 피해를 주면 과징금을 부과받는 것으로 끝나지 않는다. 미국에서는 집단소송을 하기가 어렵거나 복잡하지 않다. 그러다 보니 미국 소비자들은 쉽게 집단소송을 제기한다. 이에 대한 미숙한 대처로 한국 기업들이 미국에서 수천억 원에 이르는 막대한 손해배상액을 지급하는 경우가 많다. 미국은 민사소송에서 다음 네 가지의 필요 요건인 공통성, 적절한 대표성, 전형성, 그리고 다수성을 갖추면 집단소송 방식으로 진행하는 것이 가능하다.

집단소송을 위한 4가지 필요 요건(연방민사소송규칙 제23조)

(a) 필요조건들
집단의 모든 구성원들을 대표하는 대표 당사자들로서 한 명 이상의 구성원들이 소송을 제기하거나 또는 제소될 수 있는 것은 아래 조건들이 충족되는 경우에 한한다.

(1) 집단의 구성원들이 너무 많아서 모든 구성원들의 병합이 현실적으로 불가능할 것
(2) 집단에 공통되는 법률 문제 또는 사실의 문제들이 있을 것
(3) 대표 당사자들의 주장 또는 항변이 집단의 주장 또는 항변들을 대표할 것
(4) 집단의 이익을 대표 당사자들이 공정하고 적절하게 보호할 것

(a) Prerequisites. One or more members of a class may sue or be sued as representative parties on behalf of all members only if:

> (1) the class is so numerous that joinder of all members is impracticable;
> (2) there are questions of law or fact common to the class;
> (3) the claims or defenses of the representative parties are typical of the claims or defenses of the class; and
> (4) the representative parties will fairly and adequately protect the interests of the class.

더구나 미국 법원은 네 가지 필요 요건들을 넓게 해석해서 인정하는 경향이 있다. 따라서 한국 기업들이 미국 소비자에게 피해를 일으킨 행위라면 분야에 상관없이 집단소송으로 비화될 가능성은 항상 크다. 미국은 한국보다 상대적으로 집단소송을 제기하기가 쉽고 손해배상의 범위와 액수도 크다. 한국 기업들은 집단소송이라는 어마어마한 리스크에 대해서 민첩한 대응과 전략적인 접근 방식을 선택해야 한다.

여기서 잠시 짚고 넘어갈 것이 있다. 왜 미국은 집단소송을 하기 쉽고 피고 기업들에 불리한 지형적 환경인지에 대한 배경이다. 한국은 소비자 보호 운동, 환경주의 운동, 민주화 운동, 인권 운동, 노동 운동 등의 경우에 그 문제 해결의 장을 광화문 거리나 시청 광장으로 선택했다. 거리로 나아가 사회적인 이슈를 부각하고 언론과 여론을 활용해 불량 기업들을 응징함으로써 문제점을 해결

해온 역사적, 정치적, 문화적 배경을 가지고 있다.

반면 미국은 인종 차별 철폐, 여성 차별 방지, 평등 실현 등을 위한 민권 운동,[1] 공해와 식수 오염 방지 등을 위한 환경주의 운동,[2] 제조물 책임제, 안전 경고 문구 현실화, 제품의 부작용 최소화 등을 위한 소비자 보호 운동[3] 등의 경우에 그 문제 해결의 장으로 법정을 선택해 법적 구속력이 있는 판례를 양산해 사회를 바꾸고자 했다.

그래서 미국 소비자에게 필요했던 것은 능력 있는 변호사들과 징벌적 손해배상, 집단소송, 제조물 책임 관련 소송으로 정리되는 법과 제도적 지형이었다. 미국 소비자는 첫째로 징벌적 손해배상이 강화되고 그 입증이 지나치게 어렵지 않은 환경을 만들

---

1 미국의 민권 운동 관련 영화를 고른다면, 필자는 미국 연방대법원의 아홉 명의 대법관 중 한 명이었던 루스 베이더 긴스버그Ruth Bader Ginsburg 대법관의 일생을 다룬 「RBG 다큐멘터리」를 적극적으로 추천한다. 루스 베이더 긴스버그 대법관은 미국 민권 운동의 상징적인 아이콘과도 같은 존재다.

2 존 트래볼타John Travolta가 주연으로 출연한 영화 「시빌 액션Civil Action」 (1998)은 환경 이슈로 집단소송을 진행하는 이야기를 담았다.

3 진 해크먼Gene Hackman이 주연으로 출연한 영화 「클래스 액션Class Action」(1991)은 소비자 보호와 관련하여 자동차 기업들을 상대로 집단소송을 진행하는 법정 영화다. 이외에도 조지 클루니George Clooney와 틸다 스윈튼Tilda Swinton이 주연으로 출연한 영화 「마이클 클레이튼Michael Clayton」(2007)은 거대 곡물 기업과 생화학 기업을 상대로 소송하는 영화다. 마크 러팔로Mark Ruffalo와 앤 해서웨이Anne Hathaway가 주연으로 출연한 영화 「다크 워터스Dark Waters」(2019)는 거대 화학 기업인 듀폰을 상대로 했던 집단소송을 소개하고 있다.

고, 둘째로 민사소송을 진행함에서 개별소송이 아닌 집단소송으로 인정받기 쉬운 제도적 환경을 만들고, 셋째로 제조물 책임제 아래에서 입증의 책임을 피고인 기업이 부담하게 했다. 그래서 원고인 소비자는 기업이 잘못한 행위에 고의성이 있었는지를 입증할 필요 없이 기업의 잘못된 행위로 발생한 손해의 인과관계만 입증하도록 법과 제도적 지형을 바꾸었다.

미국의 징벌적 손해배상, 집단소송, 제조물 책임제 관련 소송 제도 아래에서 집단소송의 맥락과 배경의 역사적 측면에 대해 더 알아보고자 하는 독자분들을 위한 키워드는 미국시민자유연합ACLU, American Civil Liberties Union, 뉴욕시 인권국The New York City Human Rights Commission, UC버클리대학UC Berkeley, 미국환경보호청EPA, Environmental Protection Agency 등이다.

한국 기업들이 미국에서 당한 대표적인 집단소송 사례는 대한항공과 현대·기아차 소송이다. 대한항공은 2013년에 미국 소비자에게 미주 노선 항공료를 담합했다는 이유로 집단소송을 당했다. 미국에서 가격 담합을 청구원인으로 진행하는 집단소송은 '소비자 보호' 카테고리 안에 들어가는 대표적인 케이스이다. 대한항공은 이 집단소송을 민사합의로 마무리지었다. 대한항공은 특정 담합 추정 기간에 미주 노선 항공권을 구매한 고객들에게 총 6,500만 달러(약 780억 원)를 지급하기로 한 것으로 알려졌다.

현대·기아차도 미국에서 판매된 자동차들의 연비를 과장 광고 Misleading Advertisement 했다고 주장하는 미국 소비자에게 2013년에 집단소송을 당했다. 미국에서 허위·과장 광고는 '소비자 보호' 카테고리로 진행되는 대표적인 집단소송 케이스이다. 현대·기아차는 총 3억 9,500만 달러(약 4,740억 원) 보상을 합의한 것으로 알려졌다.

과거와 현재의 집단소송에 주로 관련된 산업과 이슈들은 다음과 같다.

(1) 고엽제 피해자들의 집단소송
(2) 석면 피해자들의 집단소송
(3) 자동차 안전 관련 집단소송과 자동차 성능 관련 허위·과장 광고 관련 집단소송
(4) 도시바 컴퓨터 등의 IT 기기의 안전과 성능 관련 집단소송
(5) 담배 기업을 상대로 하는 집단소송
(6) 직원 차별과 관련된 집단소송
(7) 성형 수술에서 사용되는 실리콘 불량과 관련된 집단소송
(8) 개인징보 관련 집단소송
(9) 약품의 부작용을 청구원인으로 제약기업을 상대로 하는 집단소송

그리고 미래에 예상되는 집단소송에 주로 관련될 것으로 보이는 산업과 이슈들을 소개한다.

(1) 핸드폰 과다 사용과 관련된 질병을 청구원인으로 통신사와 핸드폰 제조사를 상대로 하는 집단소송

(2) 간접흡연과 관련된 이슈로 제기되는 집단소송

(3) 국제 항공기 탑승객들이 제기하는 국제 항공사를 상대로 하는 집단소송

(4) 영상 소비자들이 제기하는 이슈로 진행되는 플랫폼 기업을 상대로 하는 집단소송

(5) 코로나 바이러스와 같은 전염병의 발생과 전파 그리고 방역과 관련된 과실 또는 불이행을 청구원인으로 하는 집단소송

3
미국 법원에서 '제조물 책임제' 소송은 원고에게 유리한 게임이다

제조물 책임제는 제조물의 결함으로 인해 사용자 또는 소비자에게 발생한 손해를 배상하도록 한 제도다. 물품을 제조한 기업, 가공한 기업, 수입한 기업, 판매한 기업 등을 포함해 상업상의 유통경로에 걸리는 모든 주체가 기본적으로 제조물 책임제를 적용받는다고 보면 된다.

2016년판 블랙스로 법률 사전은 "제조물 책임제란 특정 주체가 제품의 생산, 가공, 광고, 유통, 판매 행위를 포함해 그 제품이 시장에서 소비자에게 판매를 목적으로 노출되는 경제 활동과 연관이 있다면 그 특정 주체는 그 제품으로 인해 다치거나 손해를 본 사람이 제기하는 소송의 피고가 될 수 있다는 원칙이다."라고 설명하고 있다. 미국에서는 하자가 있는 제품이 일반 시장에 유통되도록 참여한 주체는 일반적으로 제조물 책임제 아래 '무과실 책임Strict Liability'을 지는 것을 원칙으로 하고 있다.

그러므로 한국 수출 기업들은 미국의 제조물 책임제에 더욱더 민감하고 조심스럽게 대응해야 한다. 제조물 책임제 역시 집단소송을 설명할 때 예로 든 공산품들, 특히 자동차, 컴퓨터, 비행기, 장난감 등은 물론이고 약품이나 담배 등 관련 소송에서 단골메뉴로 등장하는 소송이므로 눈여겨봐야 한다.

한국 수출 기업들이 미국의 제조물 책임제를 무서워해야 하고 신중하게 접근해야 하는 이유가 바로 무과실 책임 개념 때문이다. 제조물 책임을 묻는 소송을 제기하는 소비자 또는 사용자는 그 제품이 하자가 있음을 증명하면 충분할 뿐이고 제조자 또는 판매자의 과실로 인해 그 제품의 하자가 발생했음을 증명할 필요가 없다. 최종 손해배상 판결을 받기 위해 그 제품의 하자가 원인이 돼 원고가 피해 또는 손해를 봤다는 인과관계를 증명하는 것은 여기에서 논외로 한다. 제조물 책임제는 다른 일반 민사소송과 비교했을 때 원고가 피고의 과실을 증명할 필요가 없기 때문에 승소하기에 매우 유리한 지형을 갖춘 소송이다.

원고가 한 걸음 더 나아가서 제조자 또는 판매자가 의도적으로 또는 하자가 있음을 알고 있음에도 그 제품을 시장에 내놓았음을 증명한다면, 실제 손해배상에 추가해 매우 큰 액수의 징벌적 손해배상까지 받아낼 수 있다.

미국의 제조물 책임제는 생산, 유통, 판매된 제품에 하자가 있거나 결함이 있어서 생긴 사용자 또는 소비자의 신체 상해 또는 재산상의 피해에 대해 손해배상을 하게 한다. '제품의 결함'에 대해서 다음과 같이 세 가지로 구분한다.

첫째, 제조 결함Manufacturing Defects은 '불량품'을 말한다. 제품을 제조하는 과정상의 문제로 인해 발생한 결함이다.

둘째, 디자인 결함Design Defects은 처음부터 제품을 제조하기 위해 만들어진 설계 자체에 결함이 있어서 발생한 제품의 결함을 말한다. 설계 자체가 사용자 또는 소비자의 안전에 대한 고려가 부족했거나 부작용 방지 등을 위한 합리적 설계 기준에 미달한 경우 등이 해당된다.

위에서 언급한 제조상의 결함인 제조 결함은 그 제품 라인에서 생산되는 제품 중에서 일부 불량품들만이 소비자에게 상해나 손해를 끼치게 된다. 하지만 아예 제품 생산의 설계부터가 하자가 있는 디자인 결함은 그 제품 라인에서 생산되는 모든 제품들이 소비자에게 상해나 손해를 끼치게 된다. 따라서 디자인 결함이 제조 결함보다 훨씬 큰 문제를 일으키게 된다. 디자인 결함을 청구원인으로 하는 대부분의 제조물 책임제 소송은 다수의 원고가 집단소송으로 진행하기 때문에 피고 기업이 부담해야 하는 손해배상 액수의 총합이 엄청난 경우가 많다.

셋째, 주의 또는 경고 문구의 결함Warning Defects은 그 제품을 사용하는 소비자 또는 사용자에게 제품을 사용할 때 필요한 적절한 위험성 경고를 해야 할 의무를 해태하거나 위반하는 경우를 말한다. 주의 또는 경고 문구의 결함으로 인해 사용자 또는 소비자가 신체 상해 또는 재산상의 피해를 보게 되면 제조물 책임제의 청구원인이 된다. 미국에서는 경고 또는 주의 문구를 반드시 제품을 사용하는 소비자의 눈에 잘 띄게 부착해야 한다고 관련 법으로 정해놓았다. 법률로 정하지 않을지라도 이 의무는 제조업자, 유통업자, 판매자에게 매우 광범위하고 강하게 적용된다.

한국 수출 기업들은 제품에 주의 또는 경고 문구를 부착할 때 소비자의 입장에서 크게 잘 보여 쉽게 이해할 수 있도록 언어, 그림, 색상, 도표, 콘셉트에 대해 고민을 거듭해서 표기해야 한다.

4장

리걸테크라는
게임 체인저의 등장

포스트 코로나 시대를 위해
새로운 무기를 갖춰야 한다

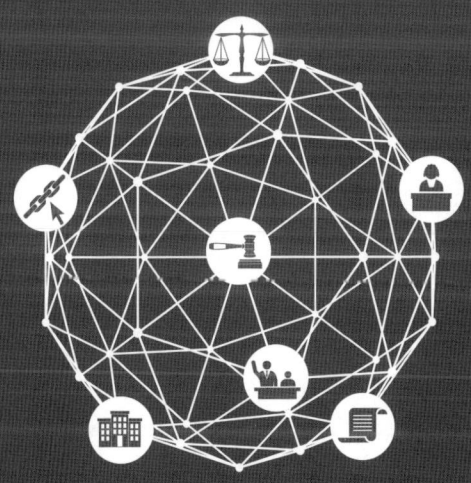

1
왜 리걸테크에 주목해야 하는가

 4차 산업혁명의 격변기에 글로벌 법률 시장의 변화를 주도하는 리걸테크에 대한 언론과 대중의 관심이 높아져 가고 있다. 미국에서 리걸테크 기업이라고 하면 기존의 법무법인(로펌)과 기업의 사내 변호사를 지원하는 법률 기술 기업을 지칭했다. 전통적으로 리걸테크 기업이 기존의 법률 시장에서 활동하는 법조인을 돕는 영역은 크게 세 가지로 요약할 수 있다. 전자증거개시 제도, 키워드 방식의 법률과 판례 조사, 전자적 증거 확보 또는 분석을 위한 디지털 포렌식이다.

 필자가 리걸테크를 접하게 된 건 2008년에서 2014년에 미국 할리우드 영화사인 월트디즈니픽처스, 콜롬비아픽처스, 20세기

폭스사 등과 일하면서다. 이 시기에 디지털 저작권 보호와 관련한 메타 데이터 보존, 디지털 콘텐츠 자동인식, 판독 기술 등에 대해 잘 알게 됐다.

이제는 관련 기술의 급격한 발달로 그 영역이 비약적으로 확대됐으며 리걸테크 분야는 하루가 다르게 발전하고 급성장하고 있다. 예측 코딩Predictive Coding 등으로 대표되는 인공지능 기반의 전자증거개시 기술, 고도화된 인공지능 기술을 활용하는 판례와 법률의 조사와 분석, 빅데이터 기반의 정보 분석 등이다. 예를 들어 해당 사건에 대한 승소 확률, 승소 시에 가능한 손해배상 액수의 예측, 상대측 로펌 또는 변호사의 소송 전략 분석 등이다. 그 외 인공지능 기반의 계약서 작성과 검토, 인공지능 기반의 기업 관련 실사, 인공지능 기반의 방대한 특허와 저작권 등의 지식재산권 관리, 인공지능 기반의 고객 법률 상담 등으로까지 확대되고 있다.

리걸테크는 크게 세 분야로 나눌 수 있다. 첫 번째는 B2B Business to Business 분야다. 인공지능 기반으로 기업의 소송을 도와주는 방식으로서 리걸테크 기업이 로펌이나 기업의 사내 법무팀에 서비스를 제공하는 것이다. 예를 들어 방대한 전자문서와 데이터 안에 소송에 필요한 정보만을 신속하고 정확하게 추려 변호사들에게 보고하는 예측 코딩 등이 있다. 이 기술은 미국, 캐나다, 이스라엘의 리걸테크 기업들이 주로 제공하고 있는데 급속도로 발전하고 있다.

두 번째는 인공지능 기반으로 고객에게 법률 상담을 해주는 B2C-Business to Consumer 영역이다. 챗봇과 같은 인공지능 법률 상담 시스템을 말한다.

세 번째는 빅데이터 분석을 기반으로 법률 서비스를 제공하는 영역이다. 예컨대 승소 확률을 예측하거나 적정 합의금 또는 손해배상액 범위를 예측하는 시스템, 특정 재판부나 상대측 변호사 또는 특정 배심원을 분석하는 시스템, 재판 담당 판사 성향과 과거 판결을 분석하는 방식의 법률 서비스가 있다.

앞으로 리걸테크와 전자증거개시 시장은 계속해서 더욱 커질 것이다. 특히 우리나라는 수출 국가이기에 무역 분쟁과 관련한 기업 간 국제 분쟁, 계약, 소송들에 대한 수요가 크다. 충분한 내수시장 수요(국내 분쟁, 계약과 소송 수요)와 해외시장 수요(수출과 무역에서 발생하는 분쟁, 계약과 소송 수요)가 있어 성장 잠재력이 크다.

그럼 국내 리걸테크 산업의 발전을 위해 가장 시급한 것은 무엇일까? 국내 리걸테크 산업이 외국과 비교해 뒤처진 이유는 우선 전자증거개시 제도가 없고 또 법원 판결문을 빅데이터로 활용할 수 없기 때문이다. 그리고 무엇보다도 많은 부분이 규제로 가로막혀 있다. 우리 정부가 전자증거개시 제도를 도입하면 국내 리걸테크 기업들은 내수 시장을 발판으로 미국과 글로벌 시장에 진출해 새로운 리걸테크 서비스 수출 활로를 열 것이라고 확신한다. 또한 민감한 개인정보 삭제를 전제로 법원 판결문도 전면 공개해야 한다. 법원이 공개하는 판결문들은 빅데이터로서 리걸테크 산업 발전의 기반이 될 것이다. 반도체 없는 전자산업 성장을 기대할 수 없듯 빅데이터 접근성이 막혀 있는 상황에서 리걸테크 산업 발전은 기대하기 어렵다.

리걸테크 산업의 발전은 한국 법률 시장을 확대할 것이다. 예컨대 지급 명령 신청을 하고 싶어도 높은 변호사 수임료에 부담을 느껴 포기했던 수많은 잠재 수요자들을 법률 시장 안으로 끌어당길 것이다. 리걸테크를 활용하면 기존 변호사 수임료보다 더 합리적인 가격으로 법률 서비스를 이용할 수 있기 때문이다. 기존에는 법률 시장 안으로 들어와서 법률 서비스를 활용할 의사가 없던 대다수의 잠재적 법률 수요자들이 리걸테크가 낮춘 진입장벽을 넘어서서 법률 서비스 이용자가 되는 사례들이 빈번하게 발생하면서 법률 시장의 외연이 확대될 것이다.

아직 한국 수출 기업들에게 리걸테크는 낯설다. 국제 소송에서 전자증거개시 제도에 익숙하지 않아 패소하는 경우도 많다. 그로 인해 외국 기업에 막대한 손해배상액을 지급하고 있다. 국가적 낭비이다. 정부가 나서서 한국 기업들의 국제 분쟁 해결 능력을 높여야 한다. 이미 미국, 영국, 캐나다 법조계들은 인공지능을 활용한 리걸테크라는 최첨단 무기로 무장해 각종 국제 분쟁에서 승소율을 대폭 높이고 있다. 반면 우리 법조계는 아직도 20세기 고전 무기들로 국제 무대에서 외국 법조계와 싸우는 셈이다. 그러나 필자는 우리나라가 IT 강국인 만큼 곧 한국의 리걸테크 기업들이 글로벌 리걸테크와 전자증거개시 시장을 석권하리라 믿는다.

2
리걸테크는 어떻게 기업분쟁의 무기가 됐는가

미국 캘리포니아주 법정에서 벌어진 삼성과 애플 간의 민사소송을 포함해 미국 버지니아주 법정에서 벌어진 코오롱인더스트리와 듀폰 간의 민사소송, 그리고 미국 여러 주에서 제기돼 현대·기아차가 감당해야 했던 많은 민사소송의 사례들을 기억해보자. 한국 수출 기업들이 전자증거개시 제도에 익숙하지 않아서 국제 소송에서 패소하고 경우에 따라서는 외국 기업들에 막대한 손해배상액을 지급하게 된 상황을 살펴보았다.

지금 2020년 상반기 포스트 코로나 시대가 시작된 이 시점에 그동안 한국 수출 기업들은 반복되는 미국 민사소송을 겪으면서 이제는 미국의 전자증거개시 제도에서 싸움을 해볼 만할 정도로 경험을 축적했다. 그럼에도 왜 여전히 한국 기업들이 미국의 전자증거개시 제도라는 배틀필드에서 힘없이 무너지는가? 그 답은 바로 리걸테크 때문이다. 이제 기업분쟁 관련 국제 소송이라는 게임 생태계에서 리걸테크는 '게임 체인저Game Changer'가 됐다. 게임 체인저란 시장의 흐름을 통째로 바꾸거나 판도를 뒤집는 결정적 역할을 한 사람, 사건, 서비스, 제품 등을 가리킨다. 리걸테크로 인해서 기업 간 분쟁 게임의 룰마저 바뀌고 있다.

석기 시대를 당시에 새롭게 등장한 청동기 도구가 끝냈듯이 총과 대포를 무기로 싸우던 시대를 절대적인 우세로 제공권制空權을 장악하는 공군력과 미사일 그리고 항공모함이 마감했다. 마찬가지로 미국의 기업 간 분쟁과 소송에서 리걸테크는 게임 체인저가 됐다. 4차 산업혁명과 더불어 인공지능을 적극적으로 활용하는 리걸테크로 무장한 미국, 캐나다, 영국 법조계들은 이미 각종 국제 분쟁에서 승소율을 대폭 끌어올리고 있다.

여기서 한 가지 주목해야 할 점이 있다. 다음 도표에서 보듯이 우리 정부는 현재 다양한 종류의 투자자·국가 간 소송ISDS, Investor State Dispute Settlement에 시달리고 있다. 이미 우리 정부는 다야니와의 투자자·국가 간 소송에서 730억 원에 이르는 손해배상액을 지급해야 한다는 패소 판결을 받은 바 있다. 이에 일부 언론들은 우리 정부가 패소한 결정적인 이유를 분석해서 보도해 사회적인 이슈가 되기도 했다.

　우리 정부는 앞으로도 더 많은 투자자·국가 간 소송이 줄줄이 예정돼 있다. 국민의 세금으로 쌓아놓은 정부 예산을 노리고 투자자·국가 간 소송을 제기하는 글로벌 투자자와 그들이 선임한 글로벌 로펌에 제대로 대응하기 위해서 리걸테크를 적극적으로 활용해 반드시 승소해야 한다. 여전히 20세기 고전 무기로 국제무대에서 외국 법조계와 싸울 생각을 하는 것 자체가 난센스다. 투자자·국가 간 소송에서 억울하게 조기패소 판결을 받지 않으려면 서둘러 전자문서 보존에 대한 낯섦과 미숙함을 극복하고 리걸테크 기술을 적극적으로 도입하고 활용해야 한다. 그리고 줄줄이 예고된 투자자·국가 간 소송에 적극적으로 대응하기 위해서 전자증거개시 참고 모델$_{EDRM}$과 연동해 관련 전자문서를 보존하고 관리해야 한다.

　우리나라는 수출로 먹고사는 국가다. 그러므로 우리 정부는 외국 로펌을 통해 제기되는 투자자·국가 간 소송에 적극적으로 대처해 이길 수 있는 '투자자·국가 간 소송 대응 준비의 상시화' 시스템을 갖추어야 한다. 또한 민간 영역에서 활동하고는 한국 수출 기업들은 미국에서의 각종 소송과 전자증거개시 절차에 대비하는 '소송 대응 준비의 상시화' 시스템을 확립해야 한다. 이 두 경우 모두 핵심 키워드는 바로 리걸테크이다. 필자가 이 책을

한국이 제기당한 투자자-국가 간 분쟁 소송들

사건명	주장	협정	청구액	진행상황
론스타 사건 (2012년 12월)	• 외환은행 지분 매각 과정에서 금융위원회가 심사를 부당하게 지연 • 국세청의 부당하고 차별적인 관세	한-벨기에·룩셈부르크 BIT	46억 7,950만 달러 (약 5조 3,000억 원)	심리중
다야니 사건 (2015년 9월)	대우일렉트로닉스 인수계약을 한국자산 관리공사가 부당하게 해지	한-이란 BIT	935억 원 (730억 원 배상)	패소 영국에서 취소소송 제기
하노칼(만수르) 사건 (2016년 3월)	현대오일뱅크 주식 매수·매각 과정에서 국세청의 부당한 과세처분	한-네덜란드 BIT	1억 6,800달러 (약 1,900억 원)	취하
미국인 서아무개 사건 (2018년 7월)	서울 마포구 토지 및 주택 재개발 보상 제대로 받지 못해	한-미 FTA	300만 달러 (약 35억 원)	심리중
엘리엇 사건 (2018년 7월)	국민연금의 위법한 의사결정으로 삼성물산과 제일모직 합병	한-미 FTA	5억 8,126만 달러(약 6,800억 원)	심리중
메이슨 사건 (2018년 9월)	국민연금의 위법한 의사결정으로 삼성물산과 제일모직 합병	한-미 FTA	2억 달러 (약 2,350억 원)	심리중
쉰들러 사건 (2018년 10월)	현대엘리베이터 유상증자와 관련해 금융감독원 조사·감독 의무 소홀	한-유럽자유무역연합 FTA	3억 달러 (약 3,500억 원)	심리중
캐나다인 김아무개 사건 (2019년 5월)	서울 중구 토지 및 상가 재개발 보상 제대로 받지 못해	한-캐나다 FTA	300만 달러 (약 35억 원)	중재의향서 제출
게일 사건 (2019년 6월)	송도국제업무지구 개발 과정에서 인천시 등이 부당한 계약 체결 강요	한-미 FTA	20억 달러 (약 2조 3,500억 원)	중재의향서 제출

(출처: 한겨레신문, 2019. 7. 6)

통해서 가장 강조하는 주제이기도 하다.

기업과 정부가 생산, 보관, 수정, 보존하는 많은 양의 전자문서를 소송에서 효과적인 증거로 사용하기 위해서 보존하고 관리하는 일은 대규모 인력 투입과 막대한 비용이 필요하다. 여기에 인공지능 리걸테크를 잘 활용한다면 효과적이고 지속가능한 시스템을 구축할 수 있다.

미국 법조계는 리걸테크를 크게 세 분야로 나누어 활용하고 있다. 첫 번째 분야는 소송에 임하는 기업 또는 로펌이 전자증거개시 과정에서 활용하는 리걸테크 분야다. 예를 들면 다음과 같다.

(1) 방대한 전자문서와 데이터 속에서 소송에 필요한 문서와 정보만을 신속하고 정확하게 추려 변호사들에게 보고하는 예측 코딩 기술

(2) 법원 또는 상대측에 제출하는 문서 내용 중에서 비닉특권이 적용되는 내용이나 판사로부터 영업기밀로서 비밀성을 인정받은 내용이나 공개하지 않아도 된다고 허락받은 민감한 개인정보 또는 해당 업무와 관련해 변호사가 생성한 문서 중에 법원 또는 상대측에 보여주고 싶지 않은 내용을 정확하고 신속하게 삭제 또는 알아볼 수 없게 검은색으로 덮어버리는 리댁션 기술 Redaction Technology

(3) 관련 판례 검색에서 웨스트로 Westlaw 나 렉시스넥시스 Lexis-Nexis 를 이용한 키워드 검색을 넘어선 정보 분석 Data Analytics 개념의 빅데이터 분석 기술

두 번째 분야는 인공지능 기반으로 고객에게 법률 상담을 해주는 B2C 영역으로서 챗봇과 같은 인공지능 법률 상담 시스템을 말한다. 그러나 이 분야는 기업 간 분쟁 해결과는 큰 관련이 없다.

이 책에서는 논외로 하기로 한다.

세 번째 분야는 소송을 여러 가지 관점에서 분석 또는 예측해주는 빅데이터 분석 리걸테크 분야로서 아래 서비스를 포함한다.

(1) 해당 소송의 승소 확률 예측

(2) 해당 소송의 적정 합의금 또는 손해배상액 범위 예측

(3) 특정 재판부나 상대측 변호사 또는 특정 배심원의 성향 분석

(4) 재판 담당 판사의 성향과 과거 판결을 분석한 패턴 파악

예를 들어 렉스 마키나Lex Machina는 빅데이터 분석을 기반으로 하는 대표적인 리걸테크 기업이다. 스탠퍼드대 로스쿨 교수들이 창업했는데 미국 법률 시장에서 주목받고 있다. 현재 구글과 나이키 등 글로벌 기업이 이미 사용 중이다. 기업명 렉스 마키나는 라틴어로 '법률 기계'라는 뜻이다. 이 기업은 수백만 건의 판결문과 소장 등의 법률 관련 빅데이터를 수집해 분석함으로써 중요한 소송 관련 요소들을 예측해준다.

민간 부분에서 이미 미국의 리걸테크 산업은 충분한 투자와 기술 발전의 선순환 구조가 될 수 있는 수요-공급 생태계가 조성돼 있다. 미국은 자국 내의 법률 시장에서 충분한 수요가 형성돼 리걸테크 시장이 확대되면서 리걸테크 산업의 신기술과 새로운 서비스를 제공하는 기업들 간에 건전한 경쟁 구도가 이루어져 있

다. 지금도 미국의 리걸테크 산업은 하루가 다르게 비약적으로 발전하고 있다.

　더욱이 코로나 사태 이후에 원격근무와 재택근무가 확대되고 비대면 팀 업무 공조, 소통, 보고가 일상화되면서 모든 업무 활동이 디지털 기록과 메타 데이터로 남는 시대가 됐다. 따라서 포스트 코로나 시대의 기업분쟁에서 필수적인 무기는 단연코 리걸테크다. 기업 간 분쟁으로 소송이 시작되면 인공지능이 결정적 증거인 스모킹건을 찾아내고 있다. 따라서 지금이라도 한국 기업들은 인공지능 리걸테크에 주목해야 한다.

3
바보야, 문제는 증언 신뢰도가 아니라 증거 진정성이야!

 이 글의 제목은 1992년 미국 대통령 선거에서 민주당 후보 빌 클린턴 선거 캠프에서 내건 유명한 구호인 "바보야, 문제는 경제야It's the economy, stupid."를 패러디해서 지었다.

 다음 그림은 필자가 링크드인Linkedin에서 캡처한 웃지 못할 미국 농담과 1997년 미국 영화 「나는 네가 지난여름에 한 일을 알고 있다」를 조합해 패러디한 것이다. 알렉사Alexa는 아마존의 인공지능 비서다. 알렉사는 KT의 기가지니처럼 집 안 사람들의 음성을 인식해서 심부름을 한다. 사람의 음성을 인식한다는 것은 음성을 디지털화해서 그 데이터가 어딘가에 기록돼 흔적이 남으리라는 걸 추론할 수 있다. 위 농담은 이런 상황에 대한 풍자를 담

알렉사는 네가 지난 여름에 한 일을 알고 있다!

Alexa knows *what you did last summer!*

> My son asked why I speak so softly in the house. I said I was afraid the NSA was listening. He laughed, I laughed, Alexa laughed.

아들이 왜 요즘 내가 집에서 작게 속삭이듯 말하는지 물었다. 국가안보국이 내가 하는 말을 도청하고 있을까 봐 그런다고 대답했다. 아들은 말도 안 된다며 웃었다. 나도 웃었다. 알렉사도 따라 웃었다.

고 있다.

패러디한 제목과 그림으로 이 글을 시작하는 이유는 4차 산업혁명과 포스트 코로나 시대에 미국 법정에서 결정적인 입증 방법이 '증언 신뢰도$_{Credibility}$'에서 '증거 진정성$_{Authentication}$'으로 그 무게중심이 옮겨가고 있는 현상을 비유하고 싶었기 때문이다.

디지털 증거 본연의 특성상 의도적이든 비의도적이든 위조 또는 변조와 삭제가 쉽다. 디지털 증거의 '진정성'이라 함은 채증, 증거 보존, 분석 과정에서 의도하지 않은 수정이나 변조가 잘 일어나기 때문에 자신이 제출하는 디지털 증거가 위조 또는 변조된 것이 아니라는 것을 입증하는 것이다. 방법론적으로는 디지털 증거를 보관 또는 이송할 때마다 철저한 보안과 책임자를 명시하여 증거물 보관의 연속성COC, Chain of Custody을 증명하는 기록, 메타 데이터 검증, 해시값 비교 등이 있다.

전통적으로 미국에서 진행되는 소송에서 승소율을 높이는 방법은 크게 두 가지였다. 첫 번째 방법은 결정적인 증거를 가지고 판사와 배심원들을 설득해 자신의 주장을 입증하는 것이다. 두 번째 방법은 상대측이 판사와 배심원들 앞에 승소를 끌어내는 데 유리한 진술을 해줄 일반 증인들 또는 미국 연방증거규칙 제702조에 따른 전문가 증인들Expert Witness을 상대로 그 증인들의 신뢰도를 탄핵함으로써 그 증인들의 증언Witness' Statement을 판사나 배심원들이 불신하도록 하는 것이다.

그러나 이제는 모든 것이 디지털 기록으로 남고 녹화되는 시대가 됐기에 증인들이 보거나 들었던 것을 포함해 오감이 기억하는 과거의 내용보다 더 정확하고 설득력이 강한 디지털 기록을 법정에서 증거로 활용하는 것이 일상화되고 있다. 증인들이 '과거의 불확실한 기억'에 의존하는 증언은 훨씬 덜 중요하게 된 것이다. 상대측 증인의 진술이 전문증거傳聞證據, Hearsay임을 주장하거나 상대측 증인의 증언 신뢰도를 탄핵하는 방식은 점점 더 빈도가 낮아진다. 오히려 결정적인 디지털 증거를 제시해서 상대측 증인의 기억이 잘못됐음을 입증하거나 상대측 증인이 거짓말을 하고 있다는 디지털 스모킹건을 제시하는 경우가 많아지고 있다. 디지털 증거 시대에 증거 진정성은 더욱더 중요한 사안이 되고 있다.

미국 민사소송에서 리걸테크에 대한 이해도와 활용도가 가장 중요한 주력 무기가 됐다. 변호사, 법무팀, 소송 담당자, 소송 관리자, 소송 협력자, 경영진, 경영지원 부서와 관련된 모든 임직원이 리걸테크에 관심을 가져야 한다. 한 발 더 나아가서 한국 수출기업들은 관련 임직원들에게 주기적으로 리걸테크 이해를 위한 교육을 필수적으로 제공해야 한다.

미국의 주요 주들은 변호사협회를 중심으로 변호사 주기교육 CLE, Continuing Legal Education을 제공하고 있다. 미국 변호사들이 선택적 또는 필수적으로 들어야 하는 주기적인 변호사 교육이다. 이미 수년 전부터 변호사 주기교육은 전자증거개시 관련 리걸테크 교육, 디지털 포렌식 교육, 디지털 증거를 어떻게 하면 배심원들에게 더 이해하기 쉽게 제시하고 설명할 수 있는지 등에 대한 교육을 집중적으로 제공하고 있다.

미국 캘리포니아변호사협회가 강조하는 리걸테크 관련 변호사의 윤리적 의무를 보면 다음과 같다.

(1) 전자적으로 저장된 정보를 증거 능력이 손상되지 않게 무

결성을 확보하는 방법으로 수집할 수 있는 지식과 능력이 있어야 한다.

(2) 데이터 검색을 할 수 있는 능력이 있어야 한다.

(3) 고객사의 전자적으로 저장된 정보와 전자문서를 적절한 방법과 절차로 증거를 보존할 수 있는 지식과 능력이 있어야 한다.

(4) 사건을 수임할 때 전자증거개시 절차 과정에서 얼마 정도의 시간과 비용이 투입될 것으로 예측하는지에 대한 초기 평가 능력이 있어야 한다. 전자증거개시 관련 이슈를 파악할 수 있는 능력이 있어야 한다.

(5) 고객사의 전자적으로 저장된 정보 시스템과 저장 관련 구조를 이해하고 분석할 수 있어야 한다.

(6) 전자증거개시 계획과 로드맵을 짜는 데 있어 상대측 변호사와 만나서 의미 있는 협상을 할 수 있는 능력이 있어야 한다.

(7) 전자증거개시 대상에서 예외로서 제외되지 않는 모든 전자적으로 저장된 정보를 적절하고 인식 가능한 포맷과 방식으로 제출할 수 있는 지식과 능력이 있어야 한다.

(8) 전자적으로 저장된 정보를 수집하고 증거를 보존하는 옵션에 대해서 고객사에 자문해줄 지식과 능력이 있어야 한다.

(9) 해당 소송과 잠재적으로 관련될 수도 있는 전자적으로 저장된 정보를 보관하는 보관 주체들을 파악할 능력이 있어야 한다.

최근에 한국 기업들의 화두는 미국 소송 승리의 분기점이 되는 스모킹건을 확보하는 것이다. 디지털 증거인 스모킹건을 확보해도 채증 과정에서 증거 진정성이 담보되지 않는다면 증거 능력이 문제가 된다. 판사는 법정에서 그 스모킹건을 활용하는 것을 허락하지 않는다. 리걸테크에 대한 이해도를 높이고 적극적으로 활용하기 위해서 전자증거 수집, 보존, 활용의 과정에서 필수적인 디지털 증거 진정성, 디지털 증거 무결성, 증거물 보관의 연속성 등의 개념을 충분히 숙지해야 한다.

4
포스트 코로나 시대에 리걸테크는 선택이 아니라 필수다

이미 미국에서 리걸테크는 선택이 아니라 필수가 됐다. 미국 전역을 포괄하는 미국변호사협회ABA, American Bar Association는 물론이고 개별 주들의 변호사협회들도 앞다투어 리걸테크 지식과 능력을 갖추는 것을 권유 또는 강제하고 있다.

미국변호사협회의 강령에는 진화하는 리걸테크를 제때 제대로 습득하고 활용하는 것의 필요성과 중요성을 강조하기 위해 "미국 변호사는 자신이 변호사 업무를 하는 것과 관련된 테크놀로지와 연관된 혜택과 위험성을 포함해 법률과 변호사 업무에서 시대적 변화와 발전에 뒤처져서는 안 된다A lawyer should keep abreast of changes in the law and its practice, including the benefits and risks associated with relevant technology."

라고 적고 있다.¹

미국 캘리포니아변호사협회SBC, The State Bar of California 강령에도 변호사들에게 리걸테크에 관심을 가지고 리걸테크의 발전에 변호사 자신의 능력이 뒤처져서는 안 된다는 취지의 윤리적 의무를 강조하고 있다.²

좀 더 거시적인 측면에서 보자면 4차 산업혁명의 시대가 도래하여 기업들의 생산 활동과 개인들의 경제 활동이 급속하게 디지털화되고 있는 와중에 팬데믹이 터졌다. 2020년 봄에 터진 이 사태는 비대면 활동과 재택근무 시스템을 뉴노멀이라는 새로운 질서의 중추에 자리잡게 했다.

이제 이메일, 메신저, 온라인 채팅은 구시대의 통신수단이 돼가고 있다. 1980년대에서 2000년대에 출생해 사회의 주류로 자리잡은 밀레니얼 세대는 일상 업무에서 슬랙Slack, 아사나Asana, MS 팀스Microsoft Teams, 행아웃미트Hangout Meet, 줌 같은 재택근무용 또는 원격 비대면 회의용 툴을 업무에 자유자재로 활용하고 있다. 디지털 언택트 개념이 자연스러운 일상이 됨에 따라 기업의 관련

---

1 ABA Model Rules of Professional Conduct(1.1 Competence, Comment 8)

2 http://ethics.calbar.ca.gov/Portals/9/documents/Opinions/CAL%202015193%20%5B11-0004%5D%20%2806-30-15%29%20-%20FINAL.pdf

문서와 자료는 이제 직원들의 집에 있는 컴퓨터, 핸드폰, 아이패드, 각각의 디바이스가 연결된 클라우드 서비스 시스템, 그리고 기업의 클라우드 컴퓨팅 서버에 따로 또 같이 분산 저장돼 있다.

재택근무와 원격 회의에서 매일매일 활용되는 슬랙, MS팀스, 아사나 등의 업무 툴에 저장되는 디지털 데이터도 기업의 정식 전자문서와 업무 기록으로 관리돼야 한다. 또한 급격하게 사용 횟수가 늘어가는 화상회의 전문 툴인 줌과 행아웃미트 등에 녹음 또는 녹화된 전자 데이터 역시 관리 영역에 포함시켜야 한다.

이제 기업의 모든 업무와 관련된 전자적인 기록과 데이터를 생산하는 주체들이 임직원을 넘어서고 있다는 점을 간과하면 안 된다. 그들은 바로 기업 임직원들과 함께 일하는 파견 직원들, 외주 직원들, 그리고 협력사 직원들이다. 기업의 포괄적인 전자 데이터맵에 임직원들과 함께 일하는 이들의 컴퓨터와 업무용 핸드폰은 물론 콜센터와 기업 전화에 녹음되는 통화 내역까지 포함돼야 한다.

2016년 5월에 전 연방 판사 시라 쉰들린이 인터뷰에서 말한 대로 '모든 것이 기록되는 시대'가 도래했다. 이제는 리걸테크를 활용하는 것만이 전자증거개시 절차를 진행하는 데 드는 시간과 비용을 효과적으로 절감해 전략적으로 승소 확률을 올릴 유일한 방법이다. 리걸테크 도움 없이 곳곳의 클라우드 서버와 디지털 저장소에 따로 또 같이 분산 저장된 기업의 문서와 데이터를 모아 소송과 관련된 문서를 추리고 분류하는 것, 그리고 그 방대한 자료 속에서 스모킹건을 찾는 것은 불가능하기 때문이다. 그러므로 영미권뿐 아니라 한국 또한 리걸테크는 선택이 아니라 필수라고 할 수 있다.

5장

핵심 준법감시 관리 시스템

기업의 체질개선을 통해
위기관리 능력을 향상하라

1
회계 투명성 강화

기업은 살아 움직이는 생물이다. 기업의 창업(탄생)과 도약(성장), 고난과 정체기, 재도약, 제2의 전성기, 합병(결혼), 워크아웃(입원), 그리고 파산(사망)은 생의 과정에 비유할 수 있다. 그럼 생물로서 기업은 어떻게 하면 건강해져서 외부로부터 치명적인 위협인 소송에 대응하는 강한 체질과 기업 문화를 갖출 수 있을까? 그 답은 바로 리스크 관리를 상시화하는 시스템에 있다. 기업의 위기관리와 체질 개선을 위해 앞서 언급한 〈18가지 준법감시 관리 항목〉에서 핵심적인 여섯 가지를 추렸다. 〈핵심 준법감시 관리 시스템〉의 여섯 가지 관리 항목을 통해 상시적으로 위기를 관리한다면 어떤 상황에서도 침착하고 효과적으로 대응할 수 있을

핵심 준법감시 관리 시스템

⑥ 기업의 사회적 책임 준수
Corporate Social Responsibility

① 회계 투명성 강화
Sarbanes–Oxley Act

② 사이버 보안
Cyber-Security

③ 부패방지법 준수
Foreign Corrupt Practices Act

④ 전자문서 관리
Information Governance

⑤ 지식재산권 관리
Intellectual Property Rights

것이다.

이 시스템의 첫 번째 관리 항목은 '회계 투명성'이다. 기업의 회계에 투명성이 떨어진다는 것은 법률적으로 용납될 수 없는 범죄 행위다. 더욱이 회계 투명성 결여 자체가 그 기업에 어마어마한 리스크가 될 수 있다는 점이다. 한국은 1997년 IMF 사태를 거치면서 기업의 회계에 대한 국제적 불신에 대응하기 위해 국제회계기준IFRS, International Financial Reporting Standards을 도입했다. 국제회계기준은 기업의 재무제표와 회계에 대한 국제적 통일성을 위해 1973년에 영국에서 설립된 국제회계기준위원회IASB, International Accounting Standards Board가 공표한 국제표준이다.

미국에서는 2001년과 2002년에 발생한 엔론Enron Corporation과 월드콤WorldCom의 회계 부정 사건 이후 재무 조작과 회계 부정을 방지하기 위해 2002년에 일명 '회계 개혁법'으로 불리는 사베인즈-옥슬리 법SOX, Sarbanes-Oxley Act이 제정됐다. 이 법은 당시에 연속적으로 터져 나왔던 미국 기업들의 분식회계와 회계 부정 사건들에 대한 미국 의회의 강력한 대응으로서 기업의 회계 투명성을 전격적으로 강화하는 법이다. 투자자의 관점에서 기업 공시의 신뢰성과 정확성을 확보하기 위한 법이기도 하다.

당시에 통신, 천연가스, 전기, 제지, 플라스틱, 석유화학, 철강 분야까지 방만한 경영을 하던 엔론은 2001년 12월에 파산을 신청하면서 주주들에게 엄청난 손해를 끼쳤다. 약 2만 명의 직원들이 일자리를 잃은 엄청난 파산 스캔들이었다. 당시 엔론의 회계감사를 맡고 있던 미국의 대형 회계법인 아서앤더슨이 해체되기도 했다. 이 역사적인 파산 스캔들의 본질은 바로 회계 투명성 이슈였다. 엔론의 이익 수치와 자산 목록은 투명하지 않았다. 기업의 손실Loss과 빚Debt은 회계 장부 어딘가에 다른 명목들과 섞여서 감추어져 있었고 회계가 과장되게 부풀려졌거나 어떤 부분은 아예 날조인 것들도 많았다.

비슷한 시기에 미국에서 두 번째로 큰 장거리 전화 통신 기업이었던 월드콤 역시 110억 달러 규모의 분식회계를 저질렀다. 이 부정행위는 2002년 당시 부회장이었던 신시아 쿠퍼Cynthia Cooper가 이끄는 내부 감사부서에 의해 적발돼 폭로됐다.

이러한 일련의 회계 투명성에 대한 위기 속에서 기업의 회계 보고서와 재무상태확인서에 대한 투자자의 신뢰를 회복할 목적으로 기업 회계 개혁과 투자자 보호를 위해서 두 명의 정치인이 2002년에 법안을 발의했다. 민주당 소속 폴 사베인즈Paul Sarbanes는 메릴랜드주 연방 상원의원이었고 공화당 소속 마이클 옥슬리Michael Oxley는 오하이오주 연방 하원의원이었다. 사베인즈-옥슬리법은 총 11개의 챕터와 65개의 조항으로 구성돼 있다. 이 법은 미국에 상장된 모든 미국 기업들뿐 아니라 미국 증시에 상장된 해외 기업에게도 적용돼 해당 기업들은 회계 투명성 강화 대상이 된다. 뉴욕증권거래소NYSE, New York Stock Exchange에 상장됐던 LG필립스 LCD, 포스코, 국민은행 등 한국 기업들과 나스닥에 상장됐던 한국 기업들에도 적용됐다.

사베인즈-옥슬리법의 주요 내용을 살펴보자. 첫째, 사베인즈-옥슬리법 제302조에 따라 기업의 최고경영자CEO와 최고재무책임자CFO는 기업의 재무제표의 내용에 대해 서명함으로써 재무보고서를 반드시 인증해야 한다.

둘째, 사후에 사실과 다른 것으로 밝혀지면 기업의 최고경영자와 최고재무책임자는 최고 500만 달러와 20년 이하의 징역형의 형사 처벌을 받을 정도로 기업 회계 투명성에 대한 책임이 크게 강화됐다. 사베인즈-옥슬리법 제404조와 제906조 이외에도 연방 조사기록을 파괴, 변경, 또는 위조하는 경우에는 최대 20년 징역형을, 모의하고 계획을 준비해서 주주들을 속이는 주식 사기의 경우에는 최대 25년형을, 미국 증권거래위원회SEC, Securities and Exchange Commission에 위조문서를 제출하거나 재무보고서 인증에 실패하면 최고 500만 달러 벌금과 최고경영자와 최고재무책임자에게 최대 20년의 징역형을 부과하게 돼 있다. 핵심적인 감사 문서와 이메일을 향후 5년 동안 보존할 의무가 생기며 문서를 파괴했을 때 10년형의 중죄가 부과된다.

셋째, 기업의 최고경영자와 최고재무책임자는 반드시 기업의 회계 투명성을 확보하고 회계 부정을 막기 위해 기업 내부 통제 시스템을 만들고 이것을 미국 증권거래위원회에 보고하는 것을 의무화했다.

넷째, 사베인즈-옥슬리법 제301조에 따라 내부자 고발이 있을 때는 그 내부 고발자를 보복과 소송으로부터 보호하도록 했다.

기업의 회계 투명성을 확보하기 위한 조치는 〈18가지 준법감시 관리 항목〉의 2번 사이버 보안, 3번 부패방지법 준수, 4번 전자문서 관리, 5번 지식재산권 관리, 7번, 돈세탁 방지, 그리고 17번 세금·관세·이전가격 관리와 연동된다. 회계 투명성을 위한 조치들은 다분히 입체적이고 종합적인 시각과 측면에서 준비되고 실행돼야 한다.

여기에서 핵심은 회계 투명성의 성공에 가장 필요한 것이 '실행력'이라는 점이다. 한국 법과 미국 법이 요구하는 국제표준을 도입하고 내부 감사 시스템을 아무리 멋지게 만들어놓아도 실제로 매일매일의 법인 활동에서 회계 투명성을 담보하고 감시할 센서들이 작동하지 않거나 모니터링이 되지 않는다면 무용지물이기 때문이다.

따라서 회계 투명성 확보를 위한 매일매일의 실행 관점에서 보면 대부분의 회계 정보가 디지털 파일 형태로 생성돼 업데이트되고 관리되고 보존된다는 점에서 회계 디지털 파일의 무결성 확보는 아무리 강조해도 지나치지 않다. 또한 전산감사기법CAAT, Computer-Assisted Audit Techniques을 상시로 활용해 분식회계의 여지를 사전에 방지해야 한다. 당연히 재무 정보와 비재무 정보의 상관성 검토를 수시로 하는 것 역시 중요하다. 그러기 위해 기업들이 인공지능을 활용하는 리걸테크 기술을 신속히 도입해야 한다.

2
사이버 보안

4차 산업혁명 시대에서 '사이버 보안' 개념이 적용되는 범위는 그야말로 유비쿼터스Ubiquitous다. 언제 어디에서나 필요하고 모니터링해야 할 필수 관리 항목으로 강조된다. 사이버 보안이란 인터넷, 모바일, 클라우드, 통신상의 정보 유출, 사이버 테러, 해킹 등의 리스크와 위협에서 기업의 데이터와 정보를 지키는 모든 조치를 말한다. 기업은 외부 침입자들에게 해킹당해 회계장부가 변조되고 문서들이 탈취되고 고객들의 개인정보가 유출되는 일이 반복된다면 시장에서 살아남을 수가 없다. IDC 리서치 보고서에 의하면 악성코드의 침투 때문에 전 세계 기업들이 2014년 한 해

동안 지출한 손해액은 4,910억 달러에 이른다고 한다.[1]

2020년 상반기 코로나 바이러스 팬데믹으로 인해 미국, 한국, 그리고 전 세계 주요 국가들에서 원격근무와 재택근무가 일상화되고 있다. 그 와중에 그 어느 때보다도 네트워크 시스템, 개인 컴퓨터, 모바일 기기 등에 대한 해킹과 사이버 공격의 빈도가 높아져 가고 있다. 한 예로 2020년 7월에는 해킹으로 인해 일론 머스크, 버락 오바마, 빌 게이츠 등 유명 인사들의 트위터 계정이 유출됐다. 이스라엘의 사이버 보안 기업인 체크포인트에 따르면 코로나 바이러스 팬데믹 상황으로 인한 원격근무와 재택근무가 확대되면서 사이버 해킹 위험이 그 이전보다 수십 배 증가했다고 한다.

그러나 비대면 환경에서 원격근무를 하는 직원들을 대상으로 사이버 보안 정책 준수 여부를 밀착해서 모니터링하거나 협조를 구하기가 쉽지 않다. 기업 내부였다면 자연스럽게 잘 준수됐을 사이버 보안 규정들도 재택근무 환경에서는 느슨해진 직원들에 의해 그 준수 레벨이 하향곡선을 그리는 경향을 보인다.

따라서 이제는 기업의 사이버 보안에 대한 패러다임이 변화해

---

[1] www.thenews.com.pk/archive/print/491939에서 언급된 IDC White Paper, The Link Between Pirated Software and Cyber-security Breaches 참고.

야 할 시점이다. 기업의 네트워크 시스템과 컴퓨터 서버에 튼튼한 방화벽을 만들어서 사이버 보안을 강화했던 추세는 언택트 사회의 새로운 환경에서는 도움이 되지 않는다. 방화벽을 만들어서 바운더리 안쪽을 방어한다는 개념을 버려야 했다. 기업과 관련된 네트워크와 클라우드에 접속을 시도하는 모든 개별 전자기기와 접속 의도자들의 해킹 행위 또는 불법 정보 유출 범죄로부터 중요 데이터와 전자문서를 안전하게 보호해야 한다는 기준이 사이버 보안을 확립하는 전제가 돼야 한다. 기본적으로 집에서든 기업에서든 커피숍에서든 도서관에서든 그 어떤 전자기기도 신뢰해서는 안 되고 그 어떤 접속 시도자에 대해서도 합당한 의심을 거두어들여서는 안 된다. 또한 재택 근무자들은 자신들의 가정용 와이파이에 고난도의 비밀번호가 제대로 설정돼 작동되고 있는지 꼭 확인해야 한다.

미국 IT 업계와 함께 일했던 필자의 경험상 인터넷망 시스템을 내부와 외부로 나누는 물리적인 네트워크 분리를 한다고 해서 사이버 보안 측면에서 더 안전해진다고 보지 않는다. 오히려 시스템에 접근하려는 모든 사용자에게 매번 권한을 부여하기 전에 재차 '신원 확인'을 하는 것이 최선이다. 한국에서 '신원 확인'으로 번역해 혼용해서 쓰이는 '신원 확인$_{\text{ID Verification}}$'과 '신원 인증$_{\text{ID Authentication}}$'을 확실하게 구분해서 시스템화해야 한다.

특히 4차 산업혁명 시대에서 생존과 도약을 위해 분투하고 있는 기업들 입장에서 사이버 보안 조치를 강화해서 반드시 막아내야 하는 것은 바로 랜섬웨어Ransomware의 공격이다. 랜섬웨어는 컴퓨터 악성코드Malware의 한 형태다. 특정 컴퓨터 네트워크 또는 컴퓨터 데이터 파일들에 침투해 사용자가 파일들과 데이터를 열어볼 수 없게 강제로 잠근 후 볼모로 잡은 파일과 데이터의 주인 또는 사용자들에게 돈을 요구하는 범죄 행위다. 대표적으로 악명 높은 랜섬웨어 중 하나인 워나크라이WannaCry는 2017년부터 지금까지 150여 국가에서 수많은 컴퓨터에 침투해 전자파일과 데이터를 인질로 삼고 비트코인으로 돈을 요구하는 범죄 행위에 적극적으로 이용되고 있다. 러시아 해킹 그룹이 주로 이용하는 웨이스티드-락커WastedLocker는 최근에 그 공격 빈도가 증가하고 있다.

랜섬웨어의 공격을 받은 기업이 강제로 암호화돼 볼모로 잡힌 전자문서와 데이터를 되찾기 위해서 비트코인으로 인질 몸값을 지급하는 과정에서 2차 피해가 발생한다는 점에 주목해야 한다. 예를 들어 워나크라이 같은 랜섬웨어를 유포해 비트코인을 지급하라고 협박하는 익명의 범죄자에게 가상화폐를 송금하고 지급하는 순간 그 익명의 범죄자 또는 그 범죄자 그룹이 미국 또는 유엔이 지정한 테러범죄 조직이거나 유엔UN 경제제제 또는 금융거래 제제하에 있는 북한에 소속된 해커들이라면 이 기업은 유엔

경제제제 명령과 금융거래 금지 명령을 어긴 것이 된다. 미국 법무부의 조사를 받게 될 수도 있다.

기업의 사이버 보안 문제를 최소화하는 데 필요한 조치는 〈18가지 준법감시 관리 항목〉의 4번 전자문서 관리, 5번 지식재산권 관리, 7번 돈세탁 방지, 10번 개인정보 보호, 그리고 15번 보험 관리와 밀접하게 연관돼 있다. 하나의 관리 항목을 잘 지키면 다른 관리 항목의 실행력이 같이 올라가는 시너지 효과가 발생하는 상관관계가 매우 강하게 나타난다.

3
부패방지법 준수

    미국에서는 징벌적 손해배상, 집단소송, 그리고 제조물 책임제라는 '징.집.제.' 삼총사가 활용된 소송에서 패소하면 아무리 거대한 기업이라도 파산할 수 있을 정도로 큰 액수의 손해배상을 지급해야 한다. 여기에 한 가지를 더 추가한다면 바로 해외부패방지법FCPA, Foreign Corrupt Practices Act이다.

    해외부패방지법은 미국이 아닌 해외에서 외국 공무원에게 뇌물을 공여하는 행위를 처벌하는 미국 법률이다. 외국 공무원에게 그 기업의 비즈니스와 관련된 사안으로 돈 또는 가치 있는 유형 또는 무형의 선물을 제공하면 안 된다. 이 법을 위반한 기업 또는 개인은 벌금과 징역형 그리고 과징금 등의 처벌을 받게 되는데 그 처벌이 매우 엄하기 때문에 해외부패방지법 준수는 '징.집.제.' 만큼이나 매우 중요하다. 상당수 한국 기업들도 이 법의 적용을 받고 있어서 중요한 준법감시 관리 항목이다. 미국 주식 시장에 상장된 한국 기업들은 해외부패방지법 준수 의무가 있다. 미국 증권거래위원회에 보고와 공시 의무가 있는 한국 기업들 역시 이 법의 적용을 받는다. 이와 더불어 해당 한국 기업들의 주요한 사업 소재지가 미국으로 돼 있거나 미국 법에 따라 설립됐다면 해외부패방지법이 적용된다.

사례로 2008년에 독일 기업 지멘스Siemens는 해외부패방지법 위반에 대한 처벌로 8억 달러(약 9,520억 원) 벌금형을 받았다. 벌써 2020년 상반기에만 해도 이탈리아 최대 석유기업 에니 스파 ENI S.p.A는 아프리카 알제리에서의 해외부패방지법 위반 행위를 인정하고 관계 당국과 2020년 4월에 합의를 했고 아프리카 가나 공화국에서 전기발전소를 건설하는 정부 계약 건에서 뇌물 스캔들로 인해 골드만삭스Goldman Sachs 임원이 미국 증권거래위원회에 의해 2020년 4월에 기소됐다. 스위스 제약기업 노바티스Novartis 는 2020년 6월에 해외부패방지법 위반에 대해 3억 4,000만 달러(약 4,046억 원)의 벌금을 미국 법무부와 증권거래위원회에 내기로 합의했다. 그리고 중국 시장에서 기업 활동 중에 해외부패방지법을 위반한 혐의로 미국 오하이오주에 본사를 둔 제약회사

카디널헬스Cardinal Health는 800만 달러(약 95억 원) 이상의 벌금을 내기로 2020년 2월에 합의했다.

  필자는 미국과 유럽 기업의 사내 변호사로 일하면서 분기마다 그 기업의 임직원들을 상대로 해외부패방지법 교육을 진행했다. 해외부패방지법 준법 감시와 관련된 내부 감사 시스템과 교육은 아무리 강조해도 지나치지 않다. 해외부패방지법은 매우 강하게 집행되는 법인 만큼 기업의 임직원들 모두 사전예방에 각별한 신경을 써야 한다.

4
전자문서 관리

4차 산업혁명 시대에 기업의 모든 활동이 디지털 기록으로 남아서 보존된다. 따라서 '전자문서 관리'의 중요성은 아무리 강조해도 과하지 않다. 기업 활동에서 생성되는 방대한 양의 전자문서와 데이터를 보관하고 정기적으로 자동 삭제하고 필요할 때 따로 보관하는 일은 주무 부서를 정해서 책임자가 매일 챙겨야 하는 업무이며 우선순위 관리 항목이다.

기업이 전자문서 관리와 관련해 챙겨야 하는 첫 번째 사안은 바로 전자문서 관리 정책RRP, Record Retention Policy이다. 일반적으로 기업의 이메일은 사이클 기간을 정해서 반복적으로 자동 삭제되는 것을 원칙으로 하고 보존이 필요한 전자문서들은 예외적으로 더 오래 보관한다. 두 번째로 신속하게 시행해야 하는 사안은 기업의 데이터맵을 만들고 주기적으로 업데이트하는 일이다. 세 번째 급선무는 앞서 설명한 대로 전자증거개시 참고 모델EDRM을 도입해서 '소송 대응 준비 상시화 시스템'을 작동하는 것이다.

특히 요즘 기업 간의 소송은 싸움의 시작과 끝이 기업의 전자문서 관리와 디지털 포렌식 결과로 결정되고 있다. 5G 통신 기술과 사물인터넷 기술이 구현하는 스마트 팩토리의 확산과 자율 주행의 시대에는 기업 간 분쟁에서 사실관계와 책임 여부를 입증하는 거의 모든 분야에 기록되는 전자문서와 디지털 데이터가 핵심이다. 삭제된 파일을 복구하거나 제출된 전자증거가 변조되거나 훼손된 것이 아닌지에 대한 진정성과 무결성을 입증하는 디지털 포렌식 기법은 가장 중요한 소송의 무기가 됐다.

여기서 이런 질문을 하는 독자가 있을지도 모르겠다. 디지털 포렌식을 활용해 입증하는 것은 '과학적 증거Scientific Evidence'인가 아니면 '기술적 증거Technological Evidence'인가? 이 질문에 대한 답은 1993년에 미국 연방대법원에서 판결한 도버트 판례[1] 맥락에서 찾을 수 있다. 판결 이후 27년이 지난 2020년 4차 산업혁명 시

---

1 이 판례의 정식 명칭은 〈Daubert v. Merrell Dow Pharmaceuticals, Inc. 509 U.S. 579〉(1993)이다.

대의 세계관으로 도버트 판례를 다시 분석해볼 필요가 있다. 미국에서 소송할 때 한국 기업들에 의미 있는 일이라고 보기 때문이다. 한국 기업들이 제시하는 전자문서와 디지털 증거의 무결성 또는 진정성에 대해서 상대측이 문제를 제기할 때 미국 연방증거규칙 제702조에 따라 디지털 포렌식 전문가를 전문가 증인으로 내세워 입증하는 데 기준이 되는 판례가 바로 연방대법원 판결인 도버트 판례다.

1993년에 미국 연방대법원에서 판결이 내려진 이 케이스는 도버트 부부와 어린 두 자녀가 피고인 제약기업 메릴다우파마Merrell Dow Pharmaceuticals를 상대로 제기한 소송이다. 도버트 부부의 두 어린 자녀는 장애를 가지고 태어났다. 도버트 부인은 그 원인이 임신 기간 중 복용했던 메릴다우파마의 처방전 약 때문이라고 주장했다. 당시에 인체를 대상으로 방대한 통계 연구를 해보았지만 그 약의 복용이 태아에게 손상을 가할 요인이 된다는 결과는 나오지 않았다. 그러나 원고인 도버트 부부를 대리하는 변호사가 섭외한 전문가들은 동물 실험과 화학적 분석을 병행했으며 인체를 대상으로 한 통계 연구를 재분석한 후에 그 약을 먹으면 태아가 장애를 가질 수도 있다는 주장을 펼쳤다. 이 연구결과를 학술지에 논문으로 발표하지는 않았다.

1심 재판에서 재판부는 피고인 메릴다우파마의 손을 들어주었다. 1심 재판부는 이 쟁점에 대해서 학술지에 발표된 과학 논문들만을 전문가 증언으로 인정했다. 그리고 미국 서부의 캘리포니아주, 워싱턴주, 오리건주, 하와이주, 네바다주, 애리조나주, 아이다호주 그리고 몬태나주를 포함한 8개 주를 관할하는 제9항소법원The United States Court of Appeals for the 9th Circuit도 역시 1심 재판부 판결과 같은 태도를 보였다. 2심 재판부는 도버트 가족의 주장을 뒷받침하는 전문가 증언들은 법정에서 소송의 결과를 최종적으로 결정하는 배심원들 앞에서 소개될 수 없다고 판단했다. 그 이유는 도버트 가족 측의 전문가 증언은 해당 의제와 관련이 있는 과학계에서 일반적으로 인정받는 믿을 만한 논문이 아니기 때문이라고 정리했다. 이러한 항소심 재판부의 판결을 뒷받침했던 당시의 미국 연방대법원 판례는 바로 '프라이 판례'이다.[2]

프라이 판례의 골자는 전문가 증언을 통해서 '과학적 증거'를 배심원들에게 제시할 때는 반드시 그 과학적 증거가 해당 과학계에서 일반적으로 인정받는 논문으로 소개돼 믿을 만한 내용이어야 한다는 것이다. 따라서 미국 법원은 해당 과학적 증거를 배심원들에게 소개, 설명, 제출하는 것을 허락할지를 결정할 때 프라이 판례에 근거해서 일반적으로 인정받는 내용인지 아닌지를

---

[2] 이 판례의 정식 명칭은 〈Frye v. United States 293 F. 1013, D.C. Cir.〉(1923)이다.

검토한다. 이때 주로 해당 과학적 증거의 내용이 주류 과학계에서 논문으로 발표된 적이 있는지, 책으로 출판된 적이 있는지, 또는 이전 재판에서 증거로 인용된 적이 있는지를 기준으로 삼게 됐다.

그러나 프라이 판례는 급격하게 발전하는 과학계에서 새로운 과학기술 등이 법정에서 활용되는 것에 대해 과도하게 높은 수준의 진입장벽으로 작용하는 부작용이 있다는 비판을 받아왔다. 결국 1993년에 연방대법원이 도버트 판결을 내리면서 프라이 판례는 역사의 뒤안길로 퇴장하게 됐다. 연방대법원은 도버트 케이스를 판결하면서 미국 연방증거규칙 제702조에 근거한 전문가 증인과 관련해서 빠른 속도로 발전하는 과학계에서 새로운 과학적 발견이나 과학기술을 법정에서 증거로 활용할 때 기존 과학계에서 주류 논문으로 인정받은 내용만을 전문가 증인들이 배심원들에게 소개할 수 있다고 한정하는 것은 지나치게 높은 진입장벽으로 작용한다는 부작용이 있다고 지적했다. 그리고 연방대법원은 그 진입장벽을 보다 유연하게 하는 몇 가지 중요한 가이드라인을 다음과 같이 제시했다.

첫째, 해당 과학적 증거를 뒷받침하는 이론이나 기술이 관련 전문가 집단에서 일반적으로 인정을 받았는지 여부이다. 둘째, 해당 과학적 증거를 뒷받침하는 이론이나 기술이 관련 전문가 집단에서 동료들 간 평가를 거쳐서 논문으로 발표 또는 출판됐는지 여부이다. 셋째, 해당 과학적 증거를 뒷받침하는 이론이나 기술이 검증 테스트가 가능하고 또한 그러한 검증 테스트 절차를 거쳤는지 여부이다. 넷째, 위의 검증 테스트 절차에서 밝혀진 또는 잠재적인 오류율이 허용 가능한 범위인지 여부이다. 또한 해당 과학적 연구가 현재 진행 중인 소송 또는 잠재적 소송을 미리 염두에 두고 행한 것인지에 대한 독립성 여부도 고려한다. 이러한 개별 가이드라인 하나하나가 절대적인 결격 사유로 작동하는 것이 아니라 전체적으로 고려할 수 있는 여러 요소 중 하나로서 제시되고 있다.

이 기념비적인 판결은 새로운 기준으로서 도버트 스탠더드 또는 도버트 테스트라는 명칭으로 통용된다. 이후에 법정에서 과학적 증거를 제시하려는 전문가 증인들이 배심원들 앞에서 증언을 할 기회를 판사가 허락할 것인지를 판단할 때 활용되는 기준이 됐다. 도버트 기준은 과학적 증거를 제시하려는 측이 활용한 과학적 방법이 유효하지 않기 때문에 법정에서 다루어져서는 안 된다는 상대방의 주장에 대해서 판사가 판단할 때 적극적으로 활용되고 있다.

인공지능 기술을 활용한 리걸테크가 기업 간 분쟁에서 결정적 증거를 찾아내는 요즘 시대에 그 증거들은 대부분 이메일 또는 핸드폰 문자와 같은 디지털 파일 또는 전자문서의 형태로 돼 있다. 승소를 가능하게 할 결정적 증거를 확보한 측은 법정에서 배심원들에게 그 증거를 제시하려 할 것이고 상대측은 어떻게든 그 결정적 증거가 배심원들에게 설명되는 것을 막으려 할 것이다. 결국 법정에서의 핵심 열쇠가 되는 쟁점은 "그 전자문서가 위조되거나 조작된 파일인가?"라는 물음으로 귀결되는 경우가 대부분이다. 한쪽에서는 그 결정적 증거인 전자문서를 증거로서의 진정성과 무결성에 대한 의문을 제기할 것이고 반대쪽에서는 진정성과 무결성에 문제가 없다는 것을 입증하는 데 최선을 다할 것이다.

이 상황에서 적극적으로 활용되는 것이 디지털 포렌식 분야와 메타 데이터 그리고 해시값 등에 대한 전문성을 갖춘 전문가 증인이다. 따라서 기업의 전자문서 관리와 활용은 언제나 전문가 증인들의 활용 전략과 함께 준비되고 관리돼야 한다.

다시 원래의 질문으로 돌아가 보자. 그렇다면 디지털 포렌식을 활용해 입증하는 것은 '과학적 지식'을 활용하는 것이라고 볼 것인가, 아니면 비과학적인 '기술적 지식'을 활용하는 것이라고 볼 것인가? 이 질문에 대한 답은 1999년에 미국 연방대법원에서 판결을 받은 한국 기업과 관련이 있다. 1993년에 미국인 패트릭 카마이클Patrick Carmichael이 금호타이어가 장착된 미니밴을 운전하고

가다가 뒤쪽 오른쪽 타이어가 펑크가 나서 사고가 발생했다. 이 사고로 미니밴에 타고 있던 한 사람이 사망했고 여러 명이 다쳤다. 이에 원고 패트릭 카마이클은 미니밴에 장착된 타이어에 하자가 있어서 발생한 사고라고 주장하며 금호타이어를 상대로 민사소송을 제기했다.³

원고는 자동차 타이어 사고 전문가를 증인으로 내세워서 금호타이어의 책임을 증명하고자 했다. 미국 연방증거규칙 제702조에 근거한 전문가 증인 데니스 칼슨Dennis Carlson은 금호타이어의 제조상 결함 또는 금호타이어 제품 디자인의 결함 때문에 미니밴이 도로를 달리던 도중에 해당 타이어가 펑크가 났다고 주장했다. 이에 대해 금호타이어는 데니스 칼슨이 활용한 금호타이어 결함 여부 테스트 방법이 과학적이지 않다는 점을 강하게 주장하며 증거로 채택돼서는 안 된다고 재판부에 요청했다. 이에 1심 재판부는 금호타이어의 주장을 받아들여 데니스 칼슨의 주장은 재판에서 제외됐다.

그러나 항소심 재판부⁴는 데니스 칼슨은 자신의 경험과 습득

---

3 이 판례의 정식 명칭은 〈Kumho Tire Co. v. Carmichael, 526 U.S. 137〉(1999)이다.

4 The United States Court of Appeals for the 11th Circuit. 미국 남부의 플로리다주, 조지아주, 앨라바마주를 포함한 3개 주를 관할하는 제11항소법원이다.

된 기술에 근거한 의견을 제시하는 것이므로 유효한 과학적 방법이 사용됐는지 여부를 재판부가 고려할 사항이 아니라고 판시했다. 결국 연방대법원까지 올라간 이 쟁점에 대해 재판관들은 항소심 재판부의 판결이 아닌 1심 재판부의 판결에 손을 들어줬다. 여기에서 한국 기업들이 숙지해야 할 점은 전자문서 관리와 활용에 있어 전문가 증인이 디지털 포렌식을 활용해 입증하는 것은 그것이 과학적 지식을 활용한 과학적 증거인지 또는 테크놀로지를 활용한 기술적 증거인지와 상관없이 2020년 오늘날에도 도버트 판례에서 정리된 도버트 기준이 적용된다는 점이다.

따라서 그 어느 때보다도 전자문서 관리가 중요한 사안이 된 지금 한국 기업들은 잠재적 분쟁과 소송에 대비해 디지털 포렌식 전문가 그룹과 교류하고 하루가 다르게 발전하는 디지털 포렌식 분야의 기술과 트렌드에 관심을 가져야 한다. 글로벌 디지털 포렌식 전문가 협회들은 물론 리걸테크 관련 국제 학술 교류에도 적극적으로 참여해야 한다. 또한 중요 임직원들에게 디지털 포렌식과 리걸테크 경향에 대한 정기적인 사내 교육도 빠트려서는 안 된다. 실무적으로는 모바일, 클라우드, 컴퓨터와 관련된 디지털 포렌식 분야, 해시값은 물론 메타 데이터 분야에서 확실한 전문가 증인이 될 수 있는 실력 있는 전문가들을 양성하고 확보해야 한다. 이 점은 이 책 2장에서 26(f)콘퍼런스를 사전에 준비할 때 사내 데이터맵을 확보하고 반드시 디지털 포렌식 전문가와 상의하는 것이 중요하다는 필자의 설명과 일맥상통한다. 더 나아가 해외 디지털 포렌식 서비스 시장과 리걸테크 산업을 석권하기 위해서는 글로벌 K-리걸테크 인재들을 육성해야 한다.

5
지식재산권 관리

모든 기업은 테크놀로지와 소프트웨어를 자체 개발했든 라이선스를 받든 양도를 받든 상관없이 테크놀로지와 소프트웨어를 기반으로 활동하고 있다. 생산성을 관리하고 인력 관리 시스템을 운영하고 필요한 데이터와 정보를 수집, 가공, 활용, 관리하는 것은 물론 재정과 회계를 포함한 모든 활동을 생각해본다면 '지식재산권 관리'는 인체조직에 필수적인 산소를 공급하는 것으로 비유할 수 있다.

기업의 지식재산권 관리와 관련해서 첫 번째로 해야 할 일은 기업 네트워크, 클라우드, 컴퓨터들에 설치돼 운영되는 소프트웨어와 테크놀로지를 빠짐없이 파악하고 이해해서 문서로 정리하고 철저하게 관리하는 것이다. 두 번째로 신속하게 조치해야 할 사안은 해당 소프트웨어가 정품이며 라이선스를 제대로 받았는지를 점검하는 것이다. 정품이 아닌 소프트웨어를 쓰거나 라이선스를 제대로 받지 않은 소프트웨어를 쓰는 기업들이 컴퓨터 악성코드에 노출되는 지수를 조사한 보고서에 따르면 그 연관율이 0.79라고 조사됐다.[1] 생산 설비에서 활용되는 기술은 제3자의 특허를 침해하는 사례가 없는지도 정기적으로 확인해야 한다. 세 번째로 취해야 할 조치는 기업 내 임직원들이 아닌 방문자, 외주업체 파견 직원, 프리랜서 등이 기업 내부에 가지고 들어온 개인 전자 디바이스에서 개별적으로 발생하는 기술 라이선스 위반 또는 소프트웨어 권리 침해 부분을 점검하는 것이다.

   기업의 지식재산권을 관리하는 실무적인 입장에서 가장 효과적인 방법의 하나가 바로 '소프트웨어 자산 관리(SAM, Software Asset Management) 프로그램'을 운영하는 것이다. 이 프로그램은 기업의 내부 감사 시스템에 연동되게 할 수도 있어 지식재산권 관련 준법 감시 환경을 향상할 수 있다. 그 기업의 IT 운영과 서비스의 효율성을 높일 수 있고 단순한 IT 활용 기반을 넘어서서 그 기업의 사업 전략과 목표에 최적화할 수도 있다.

---

1 Unlicensed Software and Cybersecurity Threats, 2015, http://bsa.org/malware

기업이 라이선스를 받아 온 기간 또는 구입했거나 구독하는 소프트웨어의 라이프 사이클을 소프트웨어 자산 관리 프로그램을 활용해 적극적으로 관리해야 한다. 그리고 무엇보다도 중요한 것은 임직원들에 대한 사내 교육이다. 기술과 소프트웨어를 라이선스 없이 사용하거나 불법 소프트웨어를 사용함으로써 발생하는 리스크에 대한 법적, 재정적, 평판적 손해를 주기적으로 이해시키고 주의를 환기해야 한다. 이러한 사내 교육과 주기적으로 지식재산권 관련 법률 준수 메시지를 임직원들에게 보내는 것은 저작권법 제141조에서 규정하는 '법인 또는 개인의 저작권 위반행위를 방지하기 위해 그 기업이 해당 업무에 관해 상당한 주의와 감독'을 하는 대표적인 예이기도 하다. 한국 저작권법 제141조(양벌규정)에서 "법인의 대표자나 법인 또는 개인의 대리인, 사용인, 그 밖의 종업원이 그 법인 또는 개인의 업무에 관하여 이장의 죄를 범한 때는 행위자를 벌하는 외에 그 법인 또는 개인에 대하여도 각 해당조의 벌금형을 과한다. 다만, 법인 또는 개인이 그 위반행위를 방지하기 위해 해당 업무에 관해 상당한 주의와 감독을 게을리하지 아니한 경우에는 그러하지 아니한다."라고 규정하고 있다.

기업에 필요한 소프트웨어를 구매하고 관리하는 프로세스를 통해서 언제나 기업의 자산으로 기입하고 지속적인 유지 보수 서비스에 대한 장기적인 계획을 세우는 것 또한 중요하다. 이를 위해 전사 차원에서 소프트웨어 자산 관리 표준인 ISO 19770을 도입해 인증을 받는 것도 방법이다. 당연히 그 기업의 사업 영역을 포괄하는 기술과 소프트웨어의 라이선스를 주기적으로 점검하고 최적화 관점에서 재평가해서 주기적으로 재배치해야 한다. 또한 새롭게 도입되는 기술, 소프트웨어와 퇴출되는 기술, 소프트웨어 사이에 공백 기간이 없도록 치밀하게 조정 기간을 관리해야 한다. 정기적으로 적절한 시기에 소프트웨어 패치를 설치하고 업그레이드해야 하는 것은 앞서 설명한 사이버 보안을 위한 필수 사항이기도 하다.

물론 이 과정에서 전사 차원에서 지식재산권 관리를 위한 비용 절감을 논하지 않을 수 없다. 클라우드 컴퓨팅 시스템이 확대되고 있으니 기존의 방식과 비교해서 비용 대비 효과가 더 향상된 새로운 형태의 저비용 고효과 방식의 라이선스 방식을 연구해볼 만하다.

6
기업의 사회적 책임 준수

    기업의 지속가능한 운영을 위해 '기업의 사회적 책임CSR, Corporate Social Responsibility' 프로그램을 시행하는 것은 언제나 중요하다. 타임프레임Time Management Frame에서 설명하는 네 개의 범주 중에서 매일의 일상에서 '급하지는 않지만Not Urgent' 목표 지향점으로서 '매우 중요한Very Important' 범주에 포함된다.[1]

---

[1] 타임프레임 또는 시간관리체계란 특정 활동이나 업무의 효율성과 생산성을 높이기 위해 시간을 계획하여 실행하는 것을 뜻한다. 스티븐 코비Stephen R. Covey의 시간관리 방법론이 대표적인데, 중요도와 긴급성을 양 축으로 놓은 시간관리 매트릭스Time Management Matrix에 따라 특정 활동의 성격을 다음 네 가지로 구분하고 있다. '중요하고 긴급한 일Urgent and Important', '중요하지만 긴급하지는 않은 일Not Urgent but Very Important', '긴급하지만 중요하지는 않은 일Urgent but Not Important', '중요하지도 긴급하지도 않은 일Not Urgent and Not Important'로 특정 활동의 성격을 분류하여 우선순위를 정할 수 있다.

특히 미국에서는 대부분의 민사소송과 형사소송에서 배심원 제도가 적용된다. 피고 기업의 민사적인 책임 또는 형사적인 유무죄를 배심원들이 판결할 때 피고 기업의 평판과 사회적인 이미지가 약간의 영향을 끼칠 수도 있다. 법정에서 소송을 진행하는 경우 해당 기업이 사회적 책임 프로그램을 진정으로 꾸준히 하고 있음을 배심원들이 자연스럽게 알고 있다면 그 기업의 증언 신뢰도 부분에서 도움이 될 수 있다.

필자는 여러 소송 경험에서 소송을 위기가 아닌 기회로 승화하는 기업들은 몇 가지 공통된 특징들이 있다는 것을 깨달았다. 그 공통된 특징 중 하나가 바로 기업의 사회적 책임 문화와 풍토였다. 기업의 사회적 책임 프로그램은 어렵지 않은 스토리텔링 방식으로 자연스럽게 소비자와 사회 구성원들 그리고 사회 전체에 알려질 필요가 있다. 필자는 사내 변호사로서 고아원을 돕거나 연로하신 특정 분야 농민을 돕거나, 전통문화 계승자이지만 국가 지원의 사각지대에서 경제적으로 고통당하는 예술가 등을 돕는 기업의 사회적 책임 프로그램에 관여했다. 이것은 자신이 속한 지역사회에 선한 영향력을 끼치는 의미 있고 보람 있는 일이다. 해당 기업의 구성원인 임직원들과 협력사 직원들의 자존감을 높이고 그 기업의 구성원인 것을 자랑스러워하는 경우를 많이 봤다.

기업의 사회적 책임 프로그램은 과거에 기업들이 일으킨 환경

문제와 노동권 이슈들에 대한 사회적 합의와 해결 방법의 하나로서 시작됐다. 그러다가 1950년대에 들어서면서 최고경영자를 중심으로 기업 이익의 사회 환원과 자선 사업의 측면에서 기업의 사회적 책임 프로그램이 발전하게 됐다. 21세기에는 기업의 사회적 책임 활동에 지속가능 경영 개념이 들어오면서 단순한 봉사활동이나 문화 활동 지원을 넘어서서 보다 다양한 분야에서 적극적인 활동이 나타나기 시작했다. 2010년에는 국제표준화기구ISO가 기업의 사회적 책임을 측정하는 국제표준인 ISO 26000를 제시하기에 이르렀다. ISO 26000을 보면 인권Human Rights, 노동 관행 Labor Practices, 환경Environment, 소비자 이슈Consumer Issues, 지역사회 참여와 발전Community Involvement and Development, 공정운영 관행Fair Operating Practices, 조직 거버넌스Organizational Governance 등의 일곱 개 핵심주제를 다루고 있다. 이와 더불어 ISO 26000이 주요 원칙으로 삼고 있는 일곱 가지 요소는 책임감Accountability, 투명성Transparency, 윤리성Ethical Behavior, 인권 존중Respect for Human Rights, 이해관계자들에 대한 존중Respect for Stakeholder Interests, 준법Respect for The Rule of Law, 국제규범 준수Respect for International Norms of Behavior를 포함한다.

글로벌 대형 기업들이 내수 시장의 판도를 좌지우지하게 되고 경제적, 사회적 영향이 커졌다. 이에 따라 기업의 사회적 책임에 대한 요구도 더 증가했다. 문화, 교육, 자선사업, 사회공헌 등의 분야에 이바지하는 프로그램이 더욱 진화해 더 세련되고 새로운 차원의 기업의 사회적 책임 프로그램을 선보이고 있다. 전통적으로 기업의 사회적 책임 프로그램의 세 개의 축을 이루는 고객을 위한 혜택, 임직원을 위한 혜택, 그리고 지역사회를 위한 혜택 중에 지금은 그 어느 시기보다도 지역사회를 위한 기업의 사회적 책임 프로그램이 중요해지는 추세다. 이러한 추세는 지속가능경영회계 국제표준과 지속가능경영보고서 국제표준의 방향성에도 잘 나타나고 있다. 지속가능경영회계 국제표준은 2011년에 설립된 비영리 단체인 지속가능성회계기준위원회SASB, Sustainability Accounting Standards Board에서 만들었다. 지속가능경영 보고서 국제표준은 1997년 미국의 시민단체 세레스CERES와 유엔환경개발이 중심이 돼 설립된 국제기구인 글로벌리포트이니셔티브GRI, Global Report Initiative에서 제정했다. 글로벌리포트이니셔티브는 기업 또는 단체의 경제적 성과, 환경적 성과, 사회적 성과 등의 분야에서 전 세계적으로 적용 가능한 지속가능성 보고서를 보급하고 있다. 기업의 사회적 책임 프로그램은 지구 온난화, 기후 변화, 지속가능성, 다양성 확보 등의 의제를 넘어서 지역사회에서 코로나 바이러스로 인해 육체적으로 고통당하거나 경제적으로 어렵고 고립된 사회적 약자를 돕는 것에 집중하고 있다.

예를 들어 팬데믹 상황에서 치료제 또는 백신을 개발해 무료로

배포하려는 기업이 있는가 하면 4차 산업혁명을 선도하는 인공지능과 사물인터넷 기술을 활용해 농부들에게 스마트 팜Smart Farm을 지어주는 기업도 있다. 코카콜라는 자신들이 구축한 음료 유통망Coca-Cola's Project Last Mile을 이용해서 아프리카의 외진 곳이나 고립된 마을에 백신 예방약과 치료제를 전달하는 사회적 가치 프로그램을 운영하고 있다. 2020년 3월에 삼성전자는 KF 승인 마스크 품귀 현상을 극복하기 위해서 기술 지원과 전 세계 네트워크 지원을 통해 마스크 기부 등에 앞장섰다. 마스크를 제조하는 국내 중소 중견기업을 도운 덕분에 3개 업체의 생산량은 약 50% 증대했다. 또한 삼성물산의 글로벌 네트워크를 활용해 우리 정부가 마스크 필터용 부직포 물량을 확보하고 수입하는 데 이바지하기도 했다.

앞으로 기업이 국제적으로 지속가능한 성장을 하기 위해서는 다음 세 가지를 잘해야 한다. 첫째, 그 기업의 사회적 가치를 명확히 정립해야 한다. 예를 들어 제약기업이라면 '우리는 마지막 한 명의 환자까지 구하기 위해 양질의 약을 개발하고 생산해서 필요로 하는 수요자에게 꼭 전달할 수 있는 지속가능한 유통망을 구축하고 운영한다.'라는 가치 정립을 말할 수 있어야 한다. 둘째, 이윤과 경쟁을 통해 상업적으로 의미 있는 생존과 성장을 해야 한다. 아무리 좋은 가치를 추구하는 기업이라 할지라도 시장에서 제품이 선택받지 못하거나 경쟁력이 없어서 적자가 지속된다면 자본주의 사회에서 살아남을 수 없다. 셋째, 기업의 사회적 기여다. 기업의 사회적 프로그램이 결정적인 역할을 할 수 있다. 리스크 관리를 넘어서서 기업의 평판과 이미지 그리고 임직원들의 자부심에까지 영향을 끼치는 핵심 경영 가치이기도 하다.

그러므로 필자는 한국의 수출 기업들에게 다음과 같이 제안한다. 첫째, 글로벌 시장을 상대로 상품과 서비스를 추출해야 한다는 점에서 글로벌 이슈에 맞는 기업의 사회적 책임 프로그램을 운영해야 한다. 둘째, 상대방 또는 제3자의 마음을 움직일 수 있을 정도로 하나의 글로벌 이슈에 대해 꾸준히 사회적 가치 프로그램을 운영해 진정성을 보여주어야 한다. 셋째, 일시적 이벤트나 최고경영자의 마음대로 바뀌는 의제 전환 또는 대상 전환을 자제하고 기업의 사회적 가치 전문가 그룹의 조언을 받아 지속적으로 진행해야 한다. 넷째, 한류를 기업의 사회적 가치 프로그램에 적극적으로 활용해야 한다. 필자가 할리우드 6대 영화사들을 도왔던 6년간의 경험에 비추어보면 기업의 사회적 책임 프로그램을 통해서 사회적 약자에게 꿈과 희망과 용기를 갖게 하는 문화 콘텐츠 분야는 차별이 존재하는 사회에 이바지할 수 있었다.

6장

K-법률 서비스의 세계 진출

이제는 국가가 나서야 한다

1
왜 국가가 나서야 하는가

한국은 내수 시장이 상대적으로 작아서 수출과 무역으로 성장하고 유지하는 산업구조로 돼 있다. 이런 경제 구조에서 국제 무역 분쟁과 관련된 기업 간 소송이 발생할 때 분쟁 해결 능력과 경쟁력을 키우는 것은 국가의 성장과 발전 전략에서 중요하게 다룰 관리 항목이 돼야 한다.

최근의 국제 소송들을 보면 미국, 캐나다, 영국, 호주의 법조계들은 이미 인공지능 등을 활용한 리걸테크라는 최첨단 무기로 무장해서 각종 국제 분쟁에서 승소율을 대폭 높이고 있다. 외국 법조계들이 신무기로 중무장을 하는 시대에 우리 법조계가 안일하게 구세대의 무기로 기업 간 분쟁에 맞서다가는 구한말 변화에 소극적이었던 조선이 서양 열강들과 일본의 먹잇감이 됐던 역사는 또다시 반복될 것이다.

한국 기업들은 대기업이든 중소기업이든 전자증거개시에 낯설고 리걸테크에 익숙하지 않다. 그러다 보니 외국 기업들과의 국제 소송에서 자주 패소해왔고 막대한 손해배상액을 지급할 수밖에 없었다. 국가 차원에서 볼 때 수출로 벌어오는 국부가 해외로 유출되고 있다. 따라서 전자증거개시 절차에 대한 낯섦과 미숙함으로 인해 자국 기업들이 해외에서 억울하게 패소하는 현실에 대한 국가 차원의 대책 마련이 시급하다. 비단 기업뿐만이 아니다. 한국 정부도 투자자-국가 간 분쟁 소송인 ISDS에서 피고 당사자가 되는 경우가 많아지고 있다. 한국 정부가 ISDS 소송에서 패소하게 되면 국민의 세금으로 막대한 손해배상액을 외국 투자자들에게 배상해야 한다. 이 또한 아까운 국부 유출이 아닐 수 없다.

따라서 국가가 나서서 전자증거개시 제도에 대한 이해도와 활용도를 높이는 것에 앞장서야 한다. 한국 기업들이 외국 기업들의 전자증거개시 절차상의 공격에 대한 방어 맷집을 키우고 더 나아가 전자증거개시의 본질을 이해하고 활용해 합리적으로 공격 전략을 짜는 수준까지 진화해야 한다. 그럼 우리나라의 글로벌 경쟁력은 한층 더 업그레이드될 것이 명확하다. 국가가 나서서 전자증거개시를 국내에 도입하고 활성화할 때 산업과 경제 전반에 발생하는 부수적인 긍정 효과에 대해서 말하지 않을 수 없다.

기업들은 전자증거개시 제도가 도입되면 소송을 제기하는 측이든 당하는 측이든 간에 본 재판 전에 우선적으로 전자증거개시 절차를 밟아야 한다. 이에 대비해 기업들이 전자증거개시 참고 모델EDRM과 연동한다는 것은 모든 전자문서와 디지털 데이터의 소재를 상시적으로 파악하고 모니터링하는 준법 감시 센서들이 활성화돼 내부의 리스크 경고 시스템을 갖추게 되는 것이다.

오늘날 흰 종이에 볼펜으로 숫자를 기입하고 정리한 회계장부를 관리하는 기업은 없을 것이다. 거의 전자 회계장부를 사용한다. 전자증거개시를 대비하기 위한 소송 상시화 시스템이 가동되는 기업들은 내부 전자문서의 위치 파악과 보존, 진정성 기록이 컴퓨터를 이용한 회계감사기법과 연동돼 회계장부의 투명성이 자동적으로 확보된다. 기업 스스로 더 건강하고 투명해지면 부패, 실수, 해킹, 영업기밀 유출 등의 다양한 리스크가 발생한다고 하더라도 초기에 발견하고 진단해 대처할 수 있다. 따라서 기업의 리스크 관리 측면에서도 선택하지 않을 이유가 없다. 결국 이 모든 것이 기업 가치를 높이고 한국 경제와 산업 전반에 걸친 지속가능성도 향상될 것이다.

2
왜 리걸테크를 차세대 주력 수출 산업으로 키워야 하는가

20세기 초 격동기 속에서 열강들이 주도한 세계 질서 재편 과정에서 많은 약소국이 식민지가 됐고 두 번의 세계대전을 경험해야 했다. 그로부터 100년이 지난 21세기 초에 4차 산업혁명이란 이름으로 세계의 경제 질서가 다시 한번 재편되고 있다. 다수의 국가에서 핵무기를 보유한 상황에서 100년 전처럼 물리적으로 세계 전쟁을 일으킬 수는 없다. 그러다 보니 전 세계적으로 다음 네 분야에서 주도권 전쟁을 치열하게 진행하고 있다.

(1) 인공지능, 블록체인, 그리고 5G 통신기술로 대변되는 테크놀로지 분야

(2) 금융 분야

(3) 그린 바이오, 레드 바이오, 화이트 바이오로 대변되는 바이오 분야

(4) 국제법을 통해 분쟁을 조정하는 법률 분야

국가 간 분쟁 또는 정부가 개입해야 할 정도로 큰 규모의 기업 또는 산업 간의 분쟁에서는 군사력은 위협용일 뿐 실제로 가용할 수 있는 분쟁 해결책이 아니다. 그 점을 선진국들은 매우 잘 알고 있다. 대신 그들은 상대방에게 자신들의 의사를 관철하기 위해 아래와 같이 세 가지 방법으로 대응해오고 있다.

(1) 금융·경제 제재

(2) 표준필수특허 SEP, Standard Essential Patent 의 사용을 불허하는 기술 보이콧

(3) 인공지능 리걸테크를 도입한 법률 분야에서 압도적인 우위 확보

따라서 우리 정부는 21세기 국가경쟁력 제고의 필수 핵심 어젠다에 리걸테크 산업 발전을 포함해야 한다. 구체적으로 오래된 규제들이 리걸테크 산업 발전에 발목을 잡지 못하도록 규제 환경

을 개선해야 한다. 국내 법률 시장에서 리걸테크 분야를 인공지능과 블록체인 등의 최첨단 기술로 업그레이드해야 한다. 그러면 리걸테크 산업이 국내 법률 시장의 저변을 확대하고 지속적으로 성장시키는 촉진제 역할을 할 것이다. 리걸테크 산업에 민간 부분에서 충분한 투자와 기술 발전의 선순환 구조가 될 수 있는 수요-공급 생태계가 조성되면 새로운 기술과 서비스를 제공하는 기업 간 건전한 경쟁 구도가 이루어지게 되고 국내 리걸테크 산업은 비약적으로 발전할 것이다.

필자는 IT 강국인 우리나라가 리걸테크 강국이 될 수 있는 최적의 국가라고 확신한다. 우리의 명품 리걸테크 법률 서비스는 차세대 주력 수출 산업이 될 것이다. 연간 100조 원 이상의 미국 리걸테크 시장을 포함한 글로벌 리걸테크 시장에 한국 리걸테크 기업들이 진출해서 새로운 서비스 수출 효자 기업들이 될 것이다. 다시 말해서 우리나라 민사소송 시스템에 전자증거개시 제도가 도입된다면 리걸테크 산업의 내수 시장은 물론 수출 시장까지 크게 활성화될 것이다.

꿈같은 이야기가 아니다. 전자증거개시와 리걸테크 전문가인 필자의 관점에서 보면 우리나라는 리걸테크 강국이 될 수 있는 매우 좋은 세 가지 조건을 가지고 있다. 첫째, IT 강국답게 우리 리걸테크 산업의 경쟁력을 글로벌 수준으로 이끌 수 있는 디지털 포렌식 기술 인력, 스마트폰 활용 기술 인력, 사용자 친화적 기술 개발 인력, 빅데이터 활용 기술 인력 등이 풍부하다. 그리고 아래에 설명한 것처럼 이미 준비된 글로벌 수준에 뒤지지 않는 리걸테크 인재들이 정부기관과 민간 영역 곳곳에 많이 포진하고 있다.

(1) 로펌: 김앤장 같은 대형 로펌들은 미국과 이스라엘에 뒤지지 않는 기술력과 경험을 가진 리걸테크 인력을 보유하고 있다.

(2) 회계법인: 삼정KPMG와 삼일회계법인 그리고 딜로이트 안진회계법인 등 회계 컨설팅 기업들 역시 국내외 로펌들과 협력하고 자체 디지털 감사 서비스 등을 경험하면서 글로벌 수준의 리걸테크 인력을 다수 확보하고 있다.

(3) 대학: 법학과, 국제법무학과, 컴퓨터사이언스, 컴퓨터공학과, 계산통계학과, 사이버보안학과, 수학과, 암호학과, 정보보호학과 등에서 리걸테크 산업의 중추가 될 수 있는 인재들의 초석을 다지고 있다.

(4) 검찰: 10년 이상의 내공과 경험을 가진 대검찰청의 국가디지털포렌식센터 NDFC, National Digital Forensic Center를 중심으로 검찰 조직에는 인터폴과 외국 검찰과의 공조 경험이 많은 리걸테크 인력들이 존재한다. 각 지방 검찰청에서 디지털

포렌식 업무를 하는 공무원들의 리걸테크 기술 수준 또한 매우 뛰어나다.

(5) 경찰: 800명이 넘는 경찰청 사이버 수사대와 디지털 포렌식 인력, 특정 분야의 특사경들 역시 훌륭한 리걸테크 인재들이다.

(6) 국가정보원: 필자가 2017년과 2018년에 초빙교수로서 성균관대학교 법학관에서 과학수사학과 대학원 강의를 하면서 리걸테크 전문가들의 논문을 지도했다. 2017년에 국가정보원에서 특강을 한 적이 있는데 글로벌 수준의 리걸테크 지식과 기술을 가진 국정원분들을 많이 만날 수 있었다.

둘째, 우리나라 경제는 수출과 무역으로 성장하고 유지하는 산업구조이다. 국제 무역 분쟁과 관련된 기업 간 국제 분쟁, 소송, 계약들에 대한 수요가 매우 크다는 점이다. 리걸테크 산업이 고도로 성장할 수 있는 충분한 내수 시장 수요와 해외 시장 수요가 있어서 국내 규제 환경이 개선된다면 리걸테크 산업은 폭발적으로 성장할 것이다.

셋째, 국가 경쟁력 차원에서 수출 기업들의 분쟁 해결 능력과 경쟁력을 키워야 하는 강한 명분과 필요성 그리고 공감대가 있다. 풍부한 글로벌 리걸테크 인력과 전문가 그룹들을 보유한 우리나라가 미국과 이스라엘 리걸테크 기업들을 따라잡는 것은 시간 문제라고 확신한다. 삼성전자가 미국에서 애플과의 소송에서 일부 패소 판결을 받았던 가장 큰 이유는 리걸테크 경쟁력의 차이라고 분석된다. 코오롱인더스트리가 미국에서 듀폰에 1심에서 패소해서 엄청난 액수의 배상 판결을 받았던 가장 큰 이유도 역시 리걸테크 경쟁력의 차이다. 국내 리걸테크 산업을 활성화하고 경쟁력을 키워서 이런 국부 유출을 방지해야 한다. 이러한 노력을 통해 리걸테크 산업은 미래 한국의 시그니처 산업으로 성장할 수 있을 것이다.

3

K-법률 서비스로 글로벌 시장을 개척하라

리걸테크는 우리나라를 대표하는 시그니처 산업으로 성장할 가능성이 가장 큰 산업이다. 영국의 대표 산업은 금융과 보험 산업이고 이스라엘의 대표 산업은 인공지능과 사이버 보안 산업이다. 우리나라의 대표 산업은 현재 반도체, 자동차, 조선, 핸드폰, K-팝으로 대표되는 한류 콘텐츠 산업이다. 필자는 미래 한국의 수출 시그니처 산업으로 리걸테크가 포함될 것이라고 확신한다. 국내외 리걸테크 수요를 활용하는 선순환 구조가 만들어진다면 한국의 리걸테크 기업들이 미국 법률 시장과 국제 중재 소송 시장에 적극적으로 진출하게 되는 시너지 효과가 발생할 것이다.

미래 한국의 주력 수출 산업으로 자리잡을 세 가지 K-법률 서비스는 다음과 같다.

(1) 리걸테크 산업
(2) 전자증거개시 서비스 산업
(3) 디지털 포렌식 서비스 산업

우리 정부가 주도하고 민간 산업에서 치열한 경쟁을 통해서 발전하는 리걸테크 산업은 기존 변호사들의 업무와 서비스를 한층 업그레이드하는 역할을 톡톡히 할 것이다. 전자계산기가 처음 소개됐을 때 회계사란 직업이 없어지는 것 아니냐는 우려를 했지만 회계사의 업무와 서비스를 업그레이드하는 역할을 전자계산기가 했던 것과 비슷한 현상이 나타날 것이다.

이와 더불어 리걸테크 산업은 국내 법률 시장의 크기를 확대할 것이다. 과도한 변호사 비용이 부담돼 포기하는 수많은 잠재적 수요자들이 리걸테크 서비스를 통해 법률 시장의 새로운 고객으로 지속적으로 유입될 것이다. 또한 변호사 비용을 절약하기 위해 서면 계약서를 쓰지 않고 진행했던 중소기업 간 계약 또는 개인 간 계약에 합리적인 비용으로 계약 서비스를 제공함으로써 변호사들의 리걸 서비스 수요가 많아질 것이다.

국내외에서 비약적으로 성장할 우리 리걸테크 산업과 이와 연동된 전자증거개시 서비스 산업, 디지털 포렌식 서비스 산업은 서로 간 시너지를 통해서 세계적인 K-법률 서비스로의 도약을 주도할 것이라고 확신한다.

마치는 글

"원정 전쟁이 시작됐다!"

대서사시에 나올 법한 문구로 시작한 이 책의 이야기를 다 마쳤다. 이제 독자분들도 왜 한국 기업들이 미국에서 원정 전쟁을 하고 있는지에 대한 이유를 알게 됐을 것이다. 바로 전자증거개시 제도와 징벌적 손해배상 제도의 혜택 때문이다. 이제 이 원정 전쟁의 추세를 어떻게 멈출 수 있는지에 대한 답도 제시했다. 필자는 이 책을 통해 한국 기업들이 어떻게 위기에 대응하고 더 완벽한 시스템을 갖출 수 있을지에 대한 솔루션을 제안해보았다.

소송 대응 준비의 상시화 시스템이 구축되고 〈18가지 준법감시 관리 항목〉들이 활성화돼 있는 한국 수출 기업들이 소송을 두려워하지 않는 기업 문화를 응원한다. 그러기 위해 명품 리걸테크 서비스 산업을 미래 한국을 대표하는 시그니처 산업으로 키워서 글로벌 K-법률 서비스 삼총사 산업을 수출 효자 산업으로 육성하자. 우리나라가 글로벌 리걸테크와 전자증거개시 시장을 석권하는 그날까지 인재 양성에 주력하자.

부록

소송 대비 실무 전략

1단계

: 증거보존 의무를 통지하라

　미국에서 소송이 제기됐다는 소장을 받거나 소송이 곧 제기될 것이라고 합리적으로 예상이 되는 시점에서 한국 기업이 제일 먼저 해야 할 조치는 바로 준비된 증거보존 의무를 통지하는 것이다.

　앞서 설명했던 대로 해당 소송과 관련된 전자문서를 보존하기 위해 한국 기업들이 필요한 적절한 조치를 했다는 가장 적합한 증거 중 하나가 리티게이션 홀드 곧 '소송 대비 증거보존 의무 통지'를 소송과 관련된 모든 임직원에게 적시에 전달했다는 사실을 증명하는 것이다. 더 나아가서 그 이후에도 증거보존 의무 통지를 받은 해당 임직원들이 소송과 관련된 전자문서와 자료를 제대로 잘 보존하는지에 대해 정기적으로 확인하고 업데이트를 했다는 것까지 준비해야 한다.

따라서 기업 담당자가 취해야 할 조치는 세 가지이다. 첫째, 증거보존 의무 통지 샘플과 템플릿을 준비해놓는 것이다. 둘째, 기업 내에서 언제, 어떻게, 어느 임직원들에게 증거보존 의무 통지를 할지에 대한 사전 준비 시스템을 확립해야 한다. 셋째, 증거보존 의무 통지를 한 이후에 그 사후 관리를 어떻게 해야 하는지에 대한 기업 정책을 수립하고 이와 관련된 임직원 교육 시스템을 만들어서 정기적으로 교육하는 것이다.

이 과정에서 각별하게 신경 써야할 것은 증거보존 의무 통지를 내보내는 타이밍이다. 잠재적 소송이 합리적으로 예측되고 있음에도 증거보존 의무 통지를 관련 임직원들에게 너무 늦게 하거나 아예 하지도 않는 것은 몰수패의 나락으로 빠지는 지름길이다. 지나치게 민감하게 반응해서 적절한 타이밍보다 훨씬 앞서서 증거보존 의무 통지를 했다가 철회하게 된다고 하더라도 손해를 보거나 리스크가 있는 것이 아니다. 그러므로 증거보존 의무 통지를 내보내야 하는 적절한 타이밍인지에 대해 판단을 잘 내리기 어려울 때는 차라리 오버 액션을 선택하는 것이 지각 액션을 선택하는 것보다 바람직하다.

비슷한 논리를 적용하면 증거보존 의무 통지를 할 때 그 통지 수신 대상이 되는 임직원들의 범위를 너무 좁게 축소하는 바람에 미국 법원으로부터 전자증거 보존 의무를 성실히 이행하지 않거나 전자증거를 훼손하려는 의도가 있었다는 불필요한 오해를 받는 실수를 저지르는 경우가 많다. 따라서 통지 수신 대상이 되는 임직원들의 적절한 범위에 관해서 판단을 내리기 어려울 때는 차라리 넉넉히 넓은 범위를 선택하는 것이 범위를 너무 좁게 설정해서 누락자들이 있을 리스크를 선택하는 것보다 바람직하다.

증거보존 의무 통지가 낯선 독자들을 위해서 샘플을 소개한다. 증거보존 의무 통지는 해당 기업의 담당자가 발송해도 되고 사내 변호사가 발송해도 된다. 이 샘플은 소송을 담당하는 사내 변호사가 작성해 발송하는 것이며 비닉특권이 적용되는 문서임을 전제했다.

Attorney-Client Privileged Communication

Attorney Work Product

DOCUMENT PRESERVATION NOTICE
(Litigation Hold)

To: Please find Attached Distribution List

*해당 소송과 조금이라도 관련 있는 전자문서를 가지고 있다고 판단되는 모든 임직원

From: Senior Vice President and General Counsel of 한국 수출 기업

cc: *26(f)콘퍼런스 대응팀 구성원은 필수로 적는다. 이 리티게이션 홀드 내용을 정기적으로 업데이트하고 후속 조치할 담당자들, 법무팀, IT부서 책임자, HR부서 책임자, 정보관리 책임자, 보안 책임자, 필요하다면 외부 법무법인 변호사팀

Date:

Re: Preservation Notice Relating to a YY Dispute with XX Company

*기업명 for itself and on behalf of all other *기업의 자회사명과 자매회사명 that are recipients of services under the below-identified agreement is involved in a dispute with XX Company concerning a YY Dispute. This memorandum serves as formal notice, the "Preservation Notice" a.k.a. the Litigation Hold of your duty to retain all documents and material, both paper and electronic, related to this the Subject Matter, as defined below.

YOUR DUTY TO PRESERVE DOCUMENTS

All documents, records and information that relate to the Subject Matter – whether in paper or in electronic form (referred to in this memo as "Materials") – must

be preserved and maintained as they currently exist. Document destruction, including, but not limited to, normal retention
schedules or any special requests or instructions by the IT Department or the Legal Department of *기업명 must be suspended with respect to these Materials until further notice. Failure to retain Materials covered by this Preservation Notice can result in severe sanctions against both *기업명 and any individuals responsible for such failure.

NATURE OF SUBJECT MATTER

For purposes of this Preservation Notice, the "Subject Matter" is defined as documents, records, and other information, both paper and electronic, relating to the KKK Agreement dated on October 10, 2012.

CATEGORIES OF DOCUMENTS AND INFORMATION TO RETAIN

For purposes of this Preservation Notice, the term "Materials" should be interpreted as broadly as possible and may include, but is not necessarily limited to, the following:

- Electronic documents, including, but not limited to, e-mail messages (either sent or received, and including all attachments), instant messages, word processing, Power Point presentations;
- Data stored on network file shares, current and former employees' laptops, PCs and other storage devices, including, but not limited to, voice mail, PDAs, and home computers.
- Memoranda, notes, compliance guidance statements, policies, correspondence, files, summaries, analyses, backup data and any and all writings and records of any kind whatsoever, whether in paper or electronic format;
- Magnetic, digital and VHS tapes, tape recordings, disks, diskettes, CDs, DVDs, USB drives, disk packs, microfilm, microfiche, back-up tapes, and Zip drives;

Specifically with respect to this Subject Matter, Materials include but are not limited to the following:

- Insert detailed bullet-point descriptions of ALL types of documents to be retained.

The scope of your preservation obligation is broad and covers electronically stored information and data of all types, no matter where this data may be stored, as well as paper documents.

PRESERVING PAPER DOCUMENTS

If you identify relevant paper documents in your possession, custody, or control, please tag them to indicate that they are subject to this document Preservation Notice. Do not mark on the documents themselves, but apply a post-it note or other external note to mark the Preservation Notice, or keep all such documents in files, or similar folders or in storage areas or cabinets marked to indicate that the contents are subject to the Preservation Notice. Similar steps should be taken with respect to removable computer media such as CDs and DVDs.

PRESERVING ELECTRONIC DOCUMENTS

This Preservation Notice applies to electronically stored information and data of all types. It applies to any and all electronic information and data, whether stored on *기업명's computer network, individual PCs and laptops, home or personal computers or storage devices (including, for individual PCs and laptops, wherever located, related peripheral equipment or devices such as external hard drives or dedicated back-up tapes), as well as any unique data or electronic information or documents on PDAs or other mobile devices such as iPhones and Blackberries. This Preservation Notice also applies to data that may have been transferred to transportable media such as diskettes, CDs, DVDs, USB drives, portable hard drives, or similar media, as well as to removable media. It also applies to any writing, memorandum, notes, correspondence, drawing, graph, chart, photograph, video, object, recording, data compilation, tangible thing or physical matter in any form, format or media whatsoever (including typed, printed or handwritten, and in electronic or paper format), which constitutes, stores or contains any form of information relating to the Subject Matter and which is in your possession, custody, or control.

With respect to electronic documents, including e-mail, that are covered by this Preservation Notice and which you send or receive after you received this notice, you should store any such documents in an identifiable, separate folder that you maintain for this purpose. If you already have a separate folder or folders segregated and dedicated for use in housing Materials relating to the Subject Matter, please continue to use such folders for compliance with this Preservation Notice. If not, please create such a folder or folders for compliance with this Preservation Notice. For any electronic documents, including e-mail, that are covered by this Preservation Notice and which were in your possession, custody, or control at the time you received this notice, please maintain those materials as they currently exist. In addition, you may want to print out copies of any relevant electronic documents, including e-mail and attachments. But you should nonetheless retain the electronic version of any electronic document covered by this document Preservation Notice. You should not delete any relevant documents or e-mail from your computer system for the duration of this Preservation Notice.

Finally, to ensure the preservation of electronic data, if you learn that you are to receive a new laptop or desktop computer, or a new PDA or handheld device, please notify *리티게이션 홀드 담당자, 법무팀·사내 변호사 또는 외부 법무법인 변호사의 이름과 이메일 주소 immediately and BEFORE any action is taken to deploy this new equipment.

PRESERVE ALL COPIES AND VERSIONS

The question that is frequently asked is: "Do I have to keep a copy of a document in my files if it is not the original or final form of document?" The short answer is "Yes." For the purposes of this Preservation Notice, you should not be concerned with this distinction. Each individual employee should keep the documents in his or her possession, including all drafts, versions and copies. Therefore, a draft of a document must be saved, and an identical copy of a document that has additional information noted or written on it must be maintained. With respect to this latter situation, in which the document is written on, do not make judgments about the character of the additional writing. Even a mark as trivial as an underlined word makes the document different, and requires that it be saved.

ERR ON THE SIDE OF PRESERVATION

The above list is not exhaustive. Please retain any other materials that may be relevant. If you are unsure whether a document is relevant, please preserve that document until you have checked with me. Materials described above should be maintained as they currently exist. *기업명's information technology staff is being notified of these requirements by copy of this e-mail. Any records fitting the classifications set forth above that have been placed into storage are also not to be destroyed at any time. Any records fitting the classifications set forth above that have been placed into storage are also not to be destroyed at any time.

IMPORTANT NOTE:

If there are other persons whom you believe may have relevant information, but who are not individually named recipients in the list of this memorandum, please forward a copy of this Preservation Notice to such other persons and promptly advise me or *리티게이션 홀드 담당자 또는 법무팀·사내 변호사 또는 외부 법무법인 변호사 이름

If you have any questions concerning this Preservation Notice, please contact *리티게이션 홀드 담당자 또는 법무팀·사내 변호사 이름

Finally, you must acknowledge receipt of this memorandum by sending a return e-mail to *리티게이션 홀드 담당자 또는 법무팀·사내 변호사 또는 외부 법무법인 변호사 이름, confirming that you have received this Preservation Notice and will comply with it, within three (3) business days of receipt by you.

OVER.

Distribution List
*해당 수신자들의 이름

또 다른 형태의 증거보존 의무 통지 샘플을 소개한다. 이 샘플은 아주 간단한 내용만을 담고 있어서 증거보존 의무 통지에서 전달해야 할 전자문서 보존의 필요성, 인적 대상, 시기, 대상 문서, 문서의 형태를 포함해서 어떻게 지속해야 하고 변수가 발생했을 때 누구에게 어떻게 보고해야 하는지에 대한 자세한 내용이 빠져 있다. 앞 샘플과 비교해보라.

Litigation Hold Notice

수신: *기업의 연구개발센터, 생산본부, 사업본부, 전산·IT 본부의 모든 직원들
발신: 대표이사 홍길동
일시: 2020년 0월 0일
제목: 미국 ◇◇기업의 소송 또는 소송 제기 가능성과 관련된 문서 보존 정책

미국 ◇◇기업이 우리 기업을 상대로, 미국 캘리포니아주에서 소송을 제기했습니다. 이 소송절차와 관련해 우리 기업이 소유 점유하고 있거나 통제할 수 있는 범위 내의 소송과 관련된 모든 서류와 정보를 보존해야 합니다. 이는 우리 기업의 방어 및 기타 권리와 관련된 중요한 사항입니다. 우리 기업이 문서 또는 전자파일을 보존해야 할 의무를 위반하는 경우 소송상 불이익을 당할 수 있으며 심각한 결과가 생길 수 있습

> 니다.
> 우리 기업의 문서 보존과 폐기에 대한 모든 정책은 향후 다른 공지가 있을 때까지 본 소송과 관련한 문서들에는 적용되지 않습니다. 즉 본건 소송과 관련하여 현존하거나 앞으로 생성될 문서 및 전자파일과 그 생성 일시 정보는 반드시 보존돼야 하고 폐기돼서는 안 됩니다.
>
> 감사합니다.
>
> 이와 관련해 어떠한 문서를 보관할지, 어떻게 보관할지 등의 사항에 대해 문의사항이 있으시면 △△△에 연락하시기 바랍니다.

증거보존 의무 통지가 어떤 내용으로 구성돼야 하는지는 법적으로 또 리스크 관리 측면에서도 매우 중요한 사안이다. 증거보존 의무 통지를 수신한 기업의 임직원들에게 제일 먼저 설명해야 할 사안은 '왜'이다. 왜 이 시점에서 기업이 증거보존 의무 통지를 했느냐이다. 왜 해당 수신인이 통지를 받았는지, 왜 이것이 중요한 일인지 등에 대한 설명은 필수다.

두 번째, 무엇을 보존해야 하는지에 대한 체크 리스트를 설명하는 일이다. 해당 소송이 어떤 쟁점에 관한 것이므로 어떤 전자문서가 보존의 대상이 되는지를 이해시키지 않으면 증거보존 의무 통지 수신자는 이 의무를 제대로 이행할 수 없게 된다.

세 번째, 어느 정도 기간까지 보존 의무가 지속되는지 설명해야 한다. 절대로 임직원 개인이 자의적인 해석으로 증거보존 의무 통지를 끝내어서는 안 된다. 일반적으로 1심 소송이 끝난다고 해도 항소심으로 진행될 수도 있고 재심의가 발생할 수도 있다. 따라서 증거보존 의무가 지속되는 기간에 대해서 주기적으로 업데이트하는 것은 필수다.

네 번째, 증거보존 의무 통지가 왜 본인과 기업에 중요한 것인지에 대한 인식을 고취해야 할 필요가 있다. 증거보존 의무 통지는 법에서 강제하는 것이며 의무를 제대로 이행하지 않으면 본인과 기업에 어떤 처벌과 불이익이 있을 수 있는지 자세한 설명이 필요하다.

다섯 번째, 증거보존 의무 통지 관련 사안들이 대외비이므로 보안의 중요성에 대한 설명도 반드시 포함돼야 한다.

여섯 번째, 증거보존 의무 통지를 받는 수신자들이 이와 관련하여 질문하고 도움을 요청할 수 있는 확실하고 접근 가능한 연락처를 반드시 명시해야 한다. 증거보존 의무 통지 관리자와 수신자 간의 긴밀하고 편리한 소통이 가장 중요한 포인트다.

기업 활동에서 즉시 활용할 수 있는 사항은 다음과 같다.

첫째, 책임자를 선정해야 한다. 증거보존 의무 통지는 매일 해야 하는 일상 업무는 아니다. 그러다 보니 책임자를 선정하지 않고 시간이 흐르다 보면 어느 부서 누가 책임자인지 업무 분장이 모호해질 때가 많다. 그러면 그 기업의 리스크는 올라가고 결국 증거보존 의무 통지를 제때 조치하지 못해서 결국 몰수패를 당하는 일이 발생한다. 그러므로 기업들은 사내에 증거보존 의무 통지를 전담해서 맡는 시니어 임직원을 반드시 선정해야 한다. 그 책임자가 증거보존 의무 통지를 해야 할 타이밍을 모니터링하고 있어야 하고 증거보존 의무 통지 템플릿 내용을 만들고 수정하고 공유해야 한다. 그리고 가장 중요한 것은 기업의 사내 교육 커리큘럼에 증거보존 의무 통지, 전자문서 보존 지침, 전자증거개시 개요 등을 반드시 포함해야 한다.

둘째, 증거보존 의무 통지를 해야 할 타이밍을 계속 주시해야 한다. 소송이 합리적으로 예상되는 시점인지 아닌지를 절대로 소극적으로 판단해서는 안 된다. 가능성이 보인다면 적극적으로 대처하는 것이 더 안전한 판단이다.

셋째, 증거보존 의무 통지에 꾸물대선 안 된다. 소송을 당했을 때 또는 소송이 합리적으로 예상되는 시점에서 증거보존 의무 통지를 하는 것은 촌각을 다투는 일이다. 기업들의 최우선 관리 항목 중의 하나다.

넷째, 증거보존 의무 통지를 수신한 임직원들은 반드시 발신인에게 답장 이메일을 보내서 증거보존 의무 통지를 잘 수신했다는 확인을 해주어야 한다.

다섯째, 증거보존 의무 통지의 내용은 매우 자세하고 명확하고 실행 가능한 지침 사항들로 구성돼야 한다.

여섯째, 증거보존 의무 통지를 수신한 임직원들은 자신들이 보존해야 할 전자문서와 이메일의 범위에 대해서 가능한 한 충분한 범위를 설정해야 한다.

일곱째, 증거보존 의무 통지를 수신한 임직원들은 당장 그 시간부터 전자문서 보존 범위와 방법 그리고 기간 등에 조금이라도 의문이 있으면 반드시 증거보존 의무 통지 발신인 또는 증거보존 의무 통지의 내용에서 지정한 연락 담당자에게 물어보고 상의해야 한다.

여덟째, 증거보존 의무 통지를 수신한 임직원들은 전자문서 보존 범위가 이메일에 국한된다고 오판해서는 절대 안 된다. 재택근무와 원격근무가 확대되는 상황에서 자신의 컴퓨터 안에 있는 이메일 박스뿐만이 아니라 핸드폰, 클라우드 서버, SNS, 외장하드 등에서 생성되고 저장되는 관련 전자문서와 데이터도 문서보존 의무의 범위 안에 포함됨을 절대로 잊어서는 안 된다.

아홉째, 증거보존 의무 통지를 수신한 임직원들은 기업 관계자들 이외의 사람들에게는 자신들이 증거보존 의무 통지를 받았다는 사실을 대외비로 해야 하며 그 통지 내용에 대해서도 비밀 유지 의무를 갖는다. 기업이 소송 제기를 준비하거나 소송당할 것을 합리적으로 예상할 때 수신하게 되는 증거보존 의무 통지는 그 사인의 민감성 때문에 어느 시점이 되면 공시를 해야 할 이유가 되기도 하고 상장된 기업의 주가에도 영향을 줄 수 있는 사인이기 때문이다.

열째, 기업에서 증거보존 의무 통지를 전담해서 맡는 시니어 임직원은 사내 업무 공조를 통해서 데이터맵을 만들어서 보관하고 주기적으로 업데이트하는 팀과 반드시 밀접하게 공조해야 한다. 그리고 인사팀 책임자와 협력해 증거보존 의무 통지 수신 대상이 되는 임직원 중에 퇴사하거나 새로 입사한 직원 목록을 수시로 업데이트해야 한다.

필자가 이 책을 통해서 가장 강조하고 있는 한국 수출 기업들의 '소송 대비 준비 상시화' 시스템에서 가장 중요한 구성 요소가 바로 '증거보존 의무 통지 준비' 시스템이라는 점이다. 소송 대비 준비 상시화는 '적절한 타이밍에 통지되는 준비된 증거보존 의무 정책'과 '철저한 전자문서 보존 정책'이 그 핵심 축을 이룬다.

2단계

: 데이터맵을 만들고 ECA 시스템을 가동하라

　기업이 준비된 증거보존 의무 통지를 관련 임직원들에게 시행하자마자 바로 시작해야 하는 것이 바로 미리 준비된 데이터맵을 해당 소송의 전자증거개시를 위한 전략 지도로 활용하는 것이다. 그리고 해당 기업분쟁 케이스 조기진단ECA의 10가지 절차에 따라 먼저 해당 기업 분쟁을 전면적인 소송으로 대응할 때 직면하게 될 리스크 요소와 편익 요소를 정리해본다. 그리고 이 두 카테고리 요소의 무게를 비교하고 균형 있게 조율해 전체적인 상황을 분석해야 한다.

　그다음 단계는 하나의 변수로서 합의 가능성을 따져보는 것이다. 소송 전에 합의가 성립될 가능성을 파악해보고 만약 합의가 가능하다면 합의 액수의 범위와 여러 예상 시나리오들을 예측해본다. 만약 전자증거개시를 진행한다고 결정하면 전자증거개시 과정에서 관련 증거를 보존하는 범위와 이에 따른 비용을 예측해서 정리해본다. 더 나아가 최종 판결을 받을 때까지 소송을 진행한다면 그에 따른 시간과 비용 등에 대해서도 계산해본다. 여기서 특히 혹시 모를 몰수패의 가능성을 측정하고 예측해보는 것이 필요하다.

이렇게 기업분쟁 케이스 조기진단을 마치고 나면 재판 전에 조기 합의를 통해서 이번 분쟁을 끝낼 것인지, 조기 합의하지 않고 전자증거개시까지 일단 진행할 것인지, 그렇지 않으면 합의를 선택하지 않고 본 재판을 통해서 최종 판결을 받아보는 것으로 대응할지를 결정해야 한다.

3단계

: 26(f)콘퍼런스 전략을 세우라

  26(f)콘퍼런스는 원고와 피고 양측이 이 소송과 관련된 전반적인 전자증거개시 과정과 절차에 대해 사전 미팅을 통해서 로드맵을 정하는 전자증거개시 관련 첫 회의다. 이 회의의 협상을 통해서 전자증거개시를 어떻게 할 것인지 전자증거개시의 범위, 방법, 타임테이블(전자문서 제출 기한), 제출하는 전자문서의 형태(포맷) 등이 정해진다.

  전자증거개시에 대한 전반적인 계획과 로드맵이 결정되는 자리인 만큼 전체의 승패를 가르는 첫걸음으로서 충분한 사전 준비가 필요하다. 26(f)콘퍼런스에서는 전자증거개시 전반에 걸쳐 전자문서의 보존 범위, 보존이 불가능하거나 복구가 불가능한 전자문서에 대한 처리 방침, 전자문서 제출 기한과 보존한 전자파일 포맷 방식 등이 협상을 통해서 결정된다. 따라서 반드시 전자문서의 보존에 적극적으로 협력해야 할 IT 부서 실무자, 정보관리부서 실무자와의 사전 협의는 필수다.

26(f)콘퍼런스에서 상대측이 요구하는 우리 기업의 전자문서가 어디에 어떤 방식으로 저장되고 보존됐는지 또는 이미 훼손되거나 삭제된 상태인지를 모르는 상황에서 전자문서 제출기한과 전자증거개시 범위를 약속해버리는 실수를 해서는 절대 안 된다. 반드시 전문가들의 협조와 바람직한 팀워크를 갖춰 성공적인 26(f)콘퍼런스 협상 결과를 가지고 효과적이고 전략적인 전자증거개시를 진행해야 한다.

약어 목록

ABA, American Bar Association 미국변호사협회

B2B, Business to Business 기업 간 거래

B2C, Business to Consumer 기업과 소비자 간 거래

BOP, Burden of Proof 입증 책임

CAAT, Computer-Assisted Audit Techniques 전산감사기법

CLE, Continuing Legal Education 변호사 주기교육

COA, Cause of Action 청구원인

COC, Chain of Custody 증거물 보관의 연속성

CSR, Corporate Social Responsibility 기업의 사회적 책임

ECA, Early Case Assessment 기업분쟁 케이스 조기진단

EDPA, Eastern District of Pennsylvania 펜실베이니아주 동부지방법원

EDRM, E-Discovery Reference Model 전자증거개시 참고 모델

EDVA, Eastern District of Virginia 버지니아주 동부지방법원

ESI, Electronically Stored Information 전자적으로 저장된 정보

FCPA, Foreign Corrupt Practices Act 미국 해외부패방지법

FRCP, Federal Rules of Civil Procedure 미국 연방민사소송규칙

FRE, Federal Rules of Evidence 미국 연방증거규칙

GRI, Global Report Initiative 글로벌리포트이니셔티브

IASB, International Accounting Standards Board 국제회계기준위원회

IDC, International Data Corporation 인터내셔널 데이터 코퍼레이션

IFRS, International Financial Reporting Standards 국제회계기준

ISO, International Organization for Standardization 국제표준화기구

ITC, International Trade Commission 미국 국제무역위원회

KCAB, Korea Commercial Arbitration Board 대한상사중재원

NDCA, Northern District of California 캘리포니아주 북부지방법원

NPE, Non-Practicing Entity 특허 라이선스 전문 기업

NYSE, New York Stock Exchange 뉴욕증권거래소

RRP, Record Retention Policy 전자문서 관리 정책

SAM, Software Asset Management 소프트웨어 자산 관리

SASB, Sustainability Accounting Standards Board 지속가능성회계기준위원회

SBC, The State Bar of California 미국 캘리포니아변호사협회

SEC, Securities and Exchange Commission 미국 증권거래위원회

SOX, Sarbanes-Oxley Act 사베인즈-옥슬리 법

왜 한국 기업들은 미국 법원으로 가는가

초판 1쇄 인쇄 2020년 10월 6일
초판 1쇄 발행 2020년 10월 12일

지은이 심재훈
펴낸이 안현주

편집 안선영 **마케팅** 안현영
디자인 표지 최승협 본문 장덕종

펴낸곳 클라우드나인   **출판등록** 2013년 12월 12일(제2013-101호)
주소 우) 03990 서울시 마포구 월드컵북로 4길 82(동교동) 신흥빌딩 3층
전화 02-332-8939   **팩스** 02-6008-8938
이메일 c9book@naver.com

값 16,000원
ISBN 979-11-89430-89-4 03320

* 잘못 만들어진 책은 구입하신 곳에서 교환해드립니다.
* 이 책의 전부 또는 일부 내용을 재사용하려면 사전에 저작권자와 클라우드나인의 동의를 받아야 합니다.
* 클라우드나인에서는 독자 여러분의 원고를 기다리고 있습니다.
  출간을 원하시는 분은 원고를 bookmuseum@naver.com으로 보내주세요.
* 클라우드나인은 구름 중 가장 높은 구름인 9번 구름을 뜻합니다. 새들이 깃털로 하늘을 나는 것처럼 인간은 깃펜으로 쓴 글자에 의해 천상에 오를 것입니다.